四川省哲学社会科学基金一般项目：共同富裕背景下四川民族地区农户内生发展动力提升机制研究（SCJJ23ND185）

农民专业合作社促进农户增收的效果评价及政策优化研究

NONGMIN ZHUANYE HEZUOSHE CUJIN NONGHU ZENGSHOU DE XIAOGUO PINGJIA JI ZHENGCE YOUHUA YANJIU

冯　琼　郑双怡　著

中国农业出版社
农村读物出版社
北　京

前言

精准扶贫政策实施以来，我国倡导开发式扶贫，在改善基础设施条件的同时，大力发展产业。产业扶贫能够培养贫困人口自我脱贫能力，是促进贫困地区可持续发展、贫困人口脱贫的重要帮扶手段。农民专业合作社（以下简称“合作社”）是产业扶贫的主要组织形式，被认为能够为社员提供综合服务和持续合作，能够赋予贫困户自主参与发展的权力和能力，进而帮助贫困户摆脱贫困。

从扶贫实践来看，合作社对贫困户收入增长的作用并不十分明确。由于贫困户选择加入合作社的行为存在个体偏好，自我选择偏差有可能导致合作社的帮扶对象不够“精准”。由于贫困户存在群体内异质性，不同贫困户加入合作社后的收入增长存在差异，合作社对贫困户的增收作用可能无法“长效”。

基于此，笔者关注贫困户持续增收问题。本书使用武陵山区2014—2018年4省7县50个村建档立卡贫困户的调查数据，在合作社成员异质性的视角下，基于可持续生计理论、参与式扶贫理论、赋权理论，构建反事实因果推断框架，运用多种统计分析方法和工具展开实证分析，并对部分贫困户进行跟踪调研，分析贫困户加入合作社行为的倾向、合作社的增收效应、合作社增收效应的反事实结果以及异质性条件下合作社的增收路径，以期从管理科学的角度为合作社的长效发展和农户的持续增收提供对策建议。本书的研究方法和研究结论在实现异质性成员均衡发展、促进合作社良好发展方面具有一定的现实意义和应用推广价值。

感谢四川大学商学院郑双怡教授、胡知能教授、卢毅教授给予的悉心指点，感谢重庆市乡村振兴局孙元忠处长、重庆市乡村振兴基金会秦仁连秘书长、湖北省乡村振兴局夏智处长在调研过程中给予的支持和帮助，感谢马净、颜诗雨、周敏杰对本书写作思路上的有益启示，感谢杨学广先生、杨懿宸小朋友长久以来对笔者无条件的陪伴、支持和鼓励。

由于作者水平有限，书中不足之处在所难免，恳请读者批评指正。

著　者

2023年9月13日

目录

前言

1 绪　论

1.1 研究背景与意义

1.1.1 研究背景

贫困问题是当今世界发展面临的全球性挑战。我国是全球最大的发展中国家，2020年之前我国贫困人口规模庞大。减少乃至消除贫困是中国特色社会主义事业的重要组成部分，是一个艰苦而漫长的过程。新中国成立以来，我国经历了救济式扶贫、发展推动式扶贫、开发式扶贫、综合式扶贫、精准扶贫五个时期。国家贫困治理政策的基本逻辑为先“解决温饱”后“全面小康”、先“区域整体”后“精准突破”，扶贫主体由政府主导转变为政府主导下的全社会参与，扶贫对象从面向全国逐步精准到户、到人，扶贫目标由解决生存、温饱问题转变为追求贫困人口全面可持续发展，帮扶手段从“缺什么给什么”的简单物品输出转变为多维路径帮扶，实现了从普遍贫困、区域贫困到基本解决贫困、全面消除绝对贫困的转变。

国家脱贫攻坚总体目标是消除农村绝对贫困。最近30年，国家根据农村低收入居民生活消费价格指数调整换算成的现价，三次制定扶贫标准，第一次是1986年的206元，第二次是2001年的865元，第三次是2011年的2 300元。世界银行数据表明，中国绝对贫困人口数量从1981年的8.35亿人降至2012年的8 700多万人。2011年，我国将贫困标准提高至2 300元。精准扶贫政策实施以来，贫困地区农村居民收入增速持续快于全国农村平均水平。2018年，我国贫困地区农村居民家庭人均收入超过了全国农村居民家庭人均收入的70%，与2012年相比，提高了近10%。2020年底，现行贫困标准下农村贫困人口全部脱贫，我国消除了绝对贫困，脱贫攻坚取得了全面胜利，贫困地区设施环境持续完善，贫困人口生活水平不断提高，贫困人口收入大幅提升，脱贫攻坚成果显著。

我国在减贫实践中探索出了一系列制度和模式的创新。国家建立了“全国扶贫开发信息系统”，以村为单位收集贫困户的家庭信息，为贫困户“建档立卡”，并将数据层层上报，形成国家级数据库，实现了贫困户数据全面公开化，保证了识别“到户到人”的精准性。倡导开发式扶贫，在改善基础设施条件的同时，大力发展产业，增强贫困人口的内生动力，实现可持续稳定脱贫。倡导东西协作扶贫、定点帮扶等，有效调动东西部地区及不同部门的资源，动员社会力量。这些实践经验为国际减贫提供了良好示范。但同时，脱贫攻坚也存在部分遗留问题，具体表现为贫困地区及贫困人口脱贫不稳定、特殊群体相对贫困依然存在、农户收入差距不断扩大、相对贫困问题凸显、扶贫产业可持续性不足、基本公共服务滞后等[1][2][3]。

低收入群体增收意义重大。

第一，低收入群体增收是巩固脱贫攻坚成果的需要。我国贫困户退出的衡量标准为收入达标、吃穿不愁、教育医疗住房有保障，其中收入达标是贫困户脱贫的前提条件，稳定、可持续的收入增长是实现贫困户长效脱贫的首要保障。

第二，低收入群体增收是实施乡村振兴战略的需要。我国是一个农业大国，农民至今仍占全国总人口的70%。在目前绝对贫困已经消除的新形势下，增加收入已成为农村人口最迫切的需求，是全面促进乡村振兴战略实施的主要目标，也是实现共同富裕的必然要求。

第三，低收入群体增收是农业供给侧结构性改革成效的重要标志。产业扶贫以发展产业、获得收益为目标，吸纳低收入群体参与到产业发展链条中，最终通过利益分配实现低收入群体收入增长。产业发展有助于推动农业供给侧结构性改革，既实现贫困户增收、农户增收，也推动农村场域经济发展。

第四，低收入群体增收是经济发展新常态下扩大内需、经济增长的需要。人均国内生产总值、农民人均纯收入、农民人均消费水平三个经济变量之间高度相关，国内生产总值快速增长时期，农民收入增速也较快，消费力较强；国内生产总值减速时期，农民收入增长相对较缓慢，消费力也随之减弱，直接制约农村市场。农村消费市场份额低并不表明农民没有消费需求，耐用消费品的农村普及率只有15%左右，市场仍处于成长期。

提高低收入群体的收入水平，是扩大内需、推动国民经济增长的必然要求。

第五，低收入群体增收是保持农村社会稳定的需要。稳定的社会环境对国家经济发展极其重要[4]。我国低收入群体主要分布在农村，农村社会稳定是整个社会稳定的基础。农村低收入群体受教育程度较低，与高科技、互联网、人工智能等现代技术和现代产品脱节，生产经营模式单一、抗御风险能力较弱、子女受教育程度不足，导致低收入群体与小康家庭的差距拉大，容易产生心理失衡、失落、不满等情绪，降低社会稳定系数。经济发展是社会稳定的基础，农村社会要稳定，首先要保证低收入群体收入持续增长。

我国扶贫政策的思路一直是“在发展中解决贫困”[5]。可持续的收入增长基于良好条件下的生产性就业和个人能力的发展。反贫困要有效，就要保证帮扶资源与贫困人口的发展需求相契合，还要帮助贫困人口建立可持续的收入增长机制[6]。作为我国精准扶贫战略实施的重要手段，产业扶贫通过培育县域主导产业，实现县域经济的转型升级；通过改善村庄基础设施，培育产业发展所需要的良好环境；通过提供就业岗位和就业培训，提升贫困户的人力资本。产业扶贫能够培养贫困人口的内生发展能力，相对于“输血式扶贫”而言，产业扶贫是“造血式扶贫”，是实现贫困地区与贫困个体协同发展的根本举措。2020 年现行标准下绝对贫困问题的解决，并不意味着反贫困的终结。从可持续发展的角度来看，脱贫攻坚与乡村振兴两大战略相辅相成，产业发展以其带动农民脱贫致富的使命和功能贯穿始终。产业扶贫旨在通过扶持产业发展改变贫困地区经济增长方式，产业兴旺的内在要求，是拓展、延伸传统农业产业链，开发新产业、新业态，实现一二三产业的融合发展。乡村振兴战略产业兴旺的目标与精准扶贫战略“发展生产脱贫一批”的目标一脉相承。产业发展不仅是精准扶贫的有力举措和打赢脱贫攻坚战的重要保障，也是扎实推进乡村振兴战略的重要任务。

作为我国农村产业发展的有效载体和农民组织化的核心载体[7]，合作社能够在盘活农村资产、优化农村资源配置、建立小农户与大市场之间的连接等方面发挥作用。合作社通过为社员提供综合服务，赋予低收入群体自主参与发展的权力和能力，帮助低收入群体建立稳定的增收渠道，实现低收入群体收入的可持续增长。精准扶贫政策实施以来，国家鼓励发展不同类型的合作社，引导贫困户通过加入合作社参与产业发展，实现收入增长。

随着乡村振兴战略持续推进，我国农民专业合作社在带动小农户发展的过程中也显露出一些问题：一是合作社帮扶存在“福利悬崖”效应，低收入群体加入合作社是自愿行为，由于低收入人口存在行为选择差异，并非所有的低收入人口都选择加入合作社，随着优惠政策向合作社倾斜，社员与非社员低收入人口享受到的政策红利存在不平衡，造成了群体之间的心理不平衡和发展不平衡现象[8][9]；二是合作社成员内部存在非平衡增长的“涓滴效应”，低收入社员的异质性决定了不同主体的资源禀赋和利益诉求，也在一定程度上影响了不同主体获取帮扶政策红利的均衡性[10]。同时，虽然我国在总体上实现了“两不愁、三保障”，但已脱贫的原深度贫困地区整体发展水平偏低，脱贫不稳定户自我发展能力较弱，存在生计脆弱性、收入不稳定、政策性收入占比高等问题，仍有相当一部分脱贫人口的收入增长依赖政策帮扶，具有较高的返贫风险[11]。相较于贫困户能够直接从帮扶中实现收入增长，乡村振兴战略涉及全部农业、农村、农民，在巩固脱贫攻坚成果与乡村振兴战略有效衔接的时代背景下，国家对更大范围内的农户收入增长提出了更高要求[1]，农户应该建立更加稳定、持续的增收渠道，合作社也应该在更广泛范围内发挥作用[12]。

那么，在群体异质性存在的现实情境下，有哪些因素影响低收入群体加入合作社？合作社对低收入群体的增收作用如何？未加入合作社的低收入群体如果加入合作社收入是否也会有显著增长？合作社对于异质性低收入社员的增收路径是否存在差别？哪些人群更应该加入合作社？如何从主客观因素出发提升合作社对于农户的帮扶作用？围绕这些问题，本书以我国农民专业合作社的低收入群体增收效应为主要研究对象，拟构建反事实因果推断的分析框架，将“政策评价”与“探究机理”目标纳入统一分析框架，运用因果分析、反事实推断等多种实证工具，从低收入群体加入合作社行为影响因素出发，深入分析合作社对低收入群体的增收效应和合作社对异质性低收入群体收入增长的作用机理，期望实现合作社“益贫性”的综合论证，找到问题的合理解答。

1.1.2 研究意义

本研究对反贫困研究具有重要的理论意义，对相关现实工作的开展具有重要的指导价值。

(1)理论意义。研究的理论意义体现在理论内涵、研究领域和研究方法三个方面。

①丰富了反贫困研究的理论内涵。习近平总书记关于精准扶贫、精准脱贫的相关论述，为全球反贫困理论和实践提供了宝贵经验。本书靶向瞄准建档立卡贫困户，建立了贫困户收入研究的反事实分析框架，探讨贫困人口收入增长的影响因素，对丰富精准扶贫理论、扩展反贫困理论内涵，具有一定的理论价值。

②拓展了反贫困跨学科的研究领域。学术界对于贫困问题的研究多从宏观视角展开，对某项特定政策减贫效果的跨学科研究较少。本书在贫困治理的宏观背景下，基于政策实施效果评价微观视角，深入分析“加入合作社”这一减贫手段的实施效果和作用路径，研究融合了经济学、管理学、社会学等贫困研究相关学科，注重理论内在联系与交叉，拓展了跨学科研究反贫困的思路与视角。

③丰富了政策评价的研究方法。在过去传统统计学方法或纯粹社会学方法的基础上，注重现实问题模型化的准确性和有效性。按照“因果路径判断—政策评价—政策出路”的路径展开分析，因果推断注重解决样本自选择偏差和内生性偏差，政策评价按照“行为选择异质性—收入异质性—生计资本异质性”的递进式逻辑展开，行为选择异质性区分了加入合作社与未加入合作社的贫困户群体，收入异质性区分了贫困户社员的不同收入水平和不同收入来源，生计资本异质性区分了贫困户群体的不同生计资本类型，恰当的论证反映了现实数据的复杂结构，稳健性分析保证了研究结果的鲁棒性。

(2)现实意义。本研究的现实意义主要体现在以下几方面。

①探讨合作社对低收入群体的增收效应，有助于提高农户的合作倾向。脱贫攻坚目标任务完成后，脱贫人口仍然存在收入不稳定、发展能力不足等致贫风险，实现农民合作化发展、提高农户收入，是巩固脱贫成果、防止返贫的重要任务。本书在贫困户收入研究的微观分析框架下，考察了合作社的增收效应，在减少内生性偏差和自选择偏差的基础上，尝试分析贫困户行为选择—加入合作社—收入增加的完整逻辑，回答农户为什么加入合作社、农户应不应该加入合作社这两个问题，有助于改善合作社

成员的合作环境，提升农户合作倾向，明确合作社在乡村振兴战略实施阶段的发展方向。

②探索提升合作社增收效应的有效路径，有助于推动农民收入持续增长。我国已经处于巩固拓展脱贫攻坚成果同乡村振兴战略有效衔接的关键时期，要求合作社进一步优化发展。本书通过分析合作社对于异质性群体的增收作用，回答了哪些人群更应该加入合作社、如何提升合作社对农户的帮扶作用这两个问题，有助于完善合作社分配制度、强化合作社与农户之间的利益联结，提升农户内生发展能力，确保农户收入增长的稳定性、长效性。

③为政府精准施策提供决策参考。在农村贫困人口全部脱贫、贫困县全部摘帽、区域性整体贫困得到解决后，原深度贫困地区仍然存在脱贫攻坚成果较为薄弱、乡村振兴基础尚不牢固的问题。农户加入合作社是为了提升收入水平，本书通过系统研究异质性群体的收入影响因素和增长路径，回答如何促进农户持续增收这一问题，能够为政府制定推动合作社发展、激发农户内生发展动力的相关政策提供参考。

1.2　国内外研究综述

截至 2020 年 12 月，在中国期刊全文数据库、CNKI 等数据库输入关键词“贫困”进行精确检索，发现我国自 20 世纪 80 年代开始了贫困方面的学术研究。自 2013 年以来，相关研究明显增多，2020 年与“贫困”相关的研究成果达到 23 043 篇（图 1－1）。

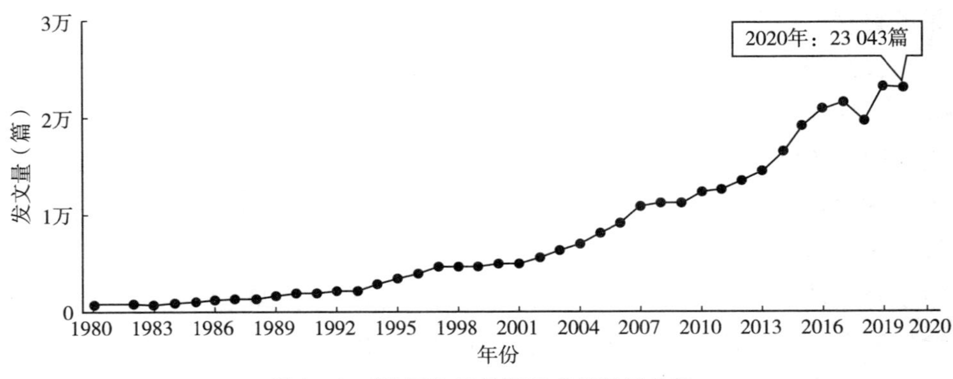

图 1－1　“贫困”相关研究成果数量趋势

输入关键词“产业扶贫”进一步精确检索，去除无效文献，一共获得 6 987 篇相关文献。通过对文献进行可视化分析可以看到，产业扶贫相关研究自 2015 年起持续上升（图 1-2），成为学术热点，国家重视产业扶贫、明确产业扶贫在脱贫攻坚中的重要作用。产业发展是“三农”领域、贫困治理领域在未来较长时间广泛关注和研究的重要课题。

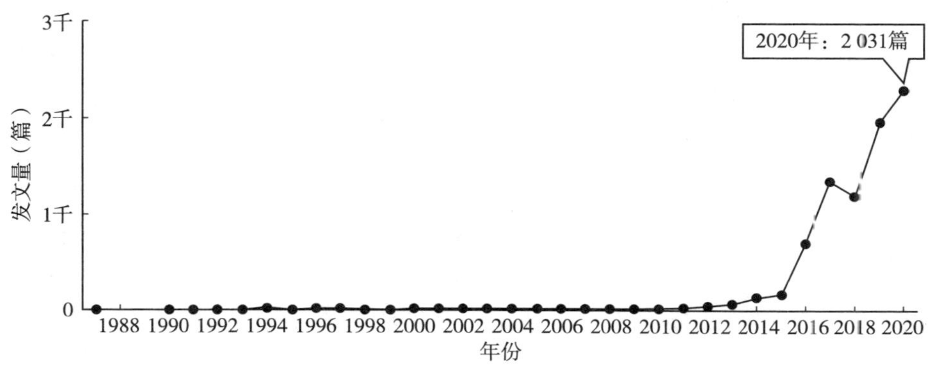

图 1-2 “产业扶贫”相关研究成果数量趋势

1.2.1 农户收入问题研究

不同于我国的农村贫困，西方国家的贫困多为城市贫困和特殊人群贫困，国际反贫困研究较多关注贫困带来的社会性问题。Michael R. C.[13] 研究了贫困所引发的社会公平问题，认为应该关注贫困人口享受社会福利的平等权利；Fisher[14]关注妇女儿童贫困，分析了妇女儿童贫困的根源；Knorringa[15]、Chris Desmond[16]从人力资本退化、物质资本减少、社会排斥等方面分析了发展中国家的贫困陷阱；Gabrieli[17]、Narasimha D. Rao[18]等关注教育、社会援助等手段对贫困人群成长和发展的促进作用。

对于收入问题，学术界或将其视为影响因素，或研究收入差距的影响因素，或讨论某种单一因素对贫困人口收入的影响。Filmer[19]讨论了家庭收入与儿童教育之间的关系，Black[20]讨论了家庭收入与儿童营养不良之间的关系，Menke A.[21]讨论了低收入人群与糖尿病发病率之间的关系，Chetty[22]讨论了收入与预期寿命之间的关系，Erola J.[23]讨论了童年家庭收入与儿童未来发展成就之间的关系等。Bruch[24]研究了不同种族、不同空间、不同地理位置人口的区别对待政策如何导致收入差距增大。Barrett[25]在Nature上的文章指出，农村地区的极度贫困存在代际传递，贫瘠的土地增加了农户的脆弱性，导致长期贫困；Angelsen等[26]对来自24个发展中国家约8 000户农村家庭进行了对比研究，认为总家庭收入中的28%受到环境影响，该影响对低收入家庭的影响更大；MAW[27]认为加入合作经济组织能够增加农户家庭收入。

国内研究多从收入来源构成、区域差异、帮扶路径等方面分析农户收入增长的影响因素。杨灿明[28]、叶彩霞[29]等学者从收入结构出发，采用基尼系数和泰尔指数测度我国农民四种收入来源差异及变化趋势，认为农民收入来源从单一化向多元化转变、从农业收入为主向非农收入增多转变。农业收入之外的其他形式的收入在农民纯收入中的比重日益上升，可以通过研究收入结构变化特点，寻找农民增收的最佳途径。吴敬琏[30]、蔡昉[31]等学者将物质资本（土地、生产性固定资产等）、人力资本（劳动力水平）、社会资本等要素禀赋视为农户收入增长来源，从发展要素禀赋角度探讨农民增收路径。廖文梅[32]认为发展要素多为长期效应，在短期内对农民增收难以有明显改善。

除了要素禀赋，还有学者关注区域差异对农户经济行为和收入增长的影响。樊新生[33]认为我国发达地区与欠发达地区之间农户收入差异较大；李小建[34]分析了欠发达地区的农民收入后发现，欠发达地区的县际乃至村际农户收入差别同样很大，部分省份村际、同村户际收入也存在较大差别，收入基尼系数达0.4以上。

精准扶贫政策实施期间，多维帮扶路径促进农户收入增长。姚懿桐等[35]发现通过家庭劳动力外出务工增加非农收入，能够有效实现贫困户脱贫；程名望等[36]认为产业扶贫是促进贫困农户脱贫的重要措施；陈志等[37]研究了金融扶贫的有效性，认为金融扶贫能够帮助贫困人口获得信贷服务，有助于贫困人口扩大再生产并增加收入，也可以通过金融服务扶持本地企业、产业项目的发展，通过项目收益分配、就业收入增长等间接路径提升贫困户的收入；熊雪等[38]认为教育帮扶有助于贫困户与普通农户间差距的缩小和收入的稳定增长，教育的长期效应可以巩固脱贫成效。综上所述，国内外关于农户收入的研究呈现出模型化的趋势，从单一影响因素分析转向多维影响因素分析，从简单客观因素分析转向复杂主观因素分析，从宏观经济数据分析转向微观个体数据分析。可以概括为：由定性到定量，由单一到全面，由宏观到微观。

1.2.2 合作社增收效应研究

合作社是产业发展的主要载体。合作社的增收效应如何尚无定论，国内外学者从不同角度探讨了合作社的增收效应。部分学者肯定了合作社对贫困户收入增长的正向作用。刘俊文[39]从交易费用理论角度肯定了合作社的正向效应，认为合作社通过规模化发展，能够提升农户的市场地位、降低市场交易成本、减少信息获取不足导致的市场风险，从而帮助农户获取市场收益。赵晓峰、邢成举[40]，林乐芬、顾庆康[41]，郭新平、赵瑞宁[42]认为贫困户通过加入合作社，可以实现更高的收入。张淑辉等[43]对加入合作社的贫困农户和低收入农户进行比较，发现贫困农户受益更大，即合作社的“益贫性”特征比较明显。促进贫困户增收的作用机理体现在创新经营模式、提供社会化服务、降低交易成本、提供市场机会、为贫困户提供内源动力等方面[39]。

部分学者从利益分配的角度探讨合作社的负向收入效应，认为加入合作社的成员存在资源禀赋差异，进而影响成员结构和权力格局。Ward[44]认为当合作社的领导人和成员陷入作物生产利润日益丰厚的资本主义关系中时，相关的土地、劳动力和生计往往受到生产和交换不平衡的社会关系的影响。Alkire[45]认为与预期的再分配目标相反，部分地区的合作社组织是由政府机构、私营公司和当地精英组织和控制的，服务于支撑繁荣作物生产的特定政治和经济利益，“为普通成员带来收入增长”的主旨已经发生改变。

基于对合作社正向增收效应的认同，有学者关注了合作社对于不同类型农户所产生的增收效应的差异性，认为农户异质性的内部结构矛盾与产业化的外部市场压力会对实现贫困户增收的目标形成一定现实约束。一些观点认为加入合作社能促使低收入农户、小规模经营农户增收[27]。由于合作社为小农户提供各项服务，国家层面对合作社的发展也有政策倾斜，参与产业发展对提高贫困户与低收入农户的收入具有显著的效果[39]。Abebaw[46]认为产业项目是在技术层面帮助小农户发展，参与产业发展带来的合作服务和政策优惠能够显著提升贫困农户收入。部分学者持相反观点，吴中全[47]，邢成举、李小云[48]，Galasso、Ravallion[49]，Mansuri、Rao[50]，Platteau[51]，Pan、Christiaense[52]认为合作社对高收入农户、核心社员、大规模农户的增收作用更显著，合作社在发展中存在“精英捕获”现象，小农户往往无法在资源竞争中占有优势。胡联[53]研究发现我国贫困地区的合作社对高收入农户的收入增长作用更大，而且与低收入农户的收入增长相比，差异较大。廖小静[54]分析了合作社的增收效应和利益分配机制，发现核心社员的收益明显高于普通社员。

国内学者对合作社增收效应的研究多采用定量研究方法。现有的定量研究方法主要有两大类别。第一类定量研究侧重通过建立评价体系进行评估。丁建军[55]系统梳理了多维贫困测度方法，测评了我国多个地区产业扶贫的增收效应，研究的重点在于构建多维指标体系。国内研究主张要把主观、客观赋权法相结合，政策评价指标体系的构建涵盖多个方面，包括政策效果、政策适用性、政策载体等。第二类定量研究侧重评估政策实施的实际成效。绩效评估主要从宏观和微观两个视角展开。宏观方面主要是对某一政策效果的总结性研究，熊正贤[56]从理论层面分析了特色文化产业的绩效问题。微观方面主要是数据的分析，王志章、王静[57]研究了云、贵、川、渝四省承接产业转移的脱贫绩效；王立剑等[58]基于国际多维贫困指数，构建了我国产业扶贫效果评价指标体系，认为要调整扶贫贷款政策，政策要多惠及贫困人口等。

综上所述，国内外对于合作社增收效应并无定论，国内学者倾向于认同合作社对于农户收入增加具有正向效应，但国内多数研究为理论性的总结，对于具体增收路径的量化分析较少，也较少从农户微观视角分析合作社帮助农户增收的作用机理，分析合作社对于异质性农户增收作用差异较少，也较少考虑观测数据与实证模型之间的匹配度和契合度。

1.2.3 成员异质性研究

异质性指的是由个体的某个特定参数差异所表现出来的个体差异。合作社成员异质性一直都存在，从合作社发展实践来看，社员在行为选择、个体发展、参与程度、利益获得等方面的差异化逐渐凸显，国内外学者都注意到了合作社成员异质性的问题[59][60]。国内外对合作社成员异质性的研究主要集中在异质性成因、异质性影响、成员异质性行为几个方面。

（1）成员异质性成因。成员异质性成因方面，现有研究多从合作社和农户两个视角展开。部分学者认为合作社的本质是把单个农户联合起来，消除个体农户在发展中遇到的市场、资金、技术、服务等方面的问题，获取规模经济，提高农户产品在市场上的竞争力[61][62][63]。Theodossiou[64]认为合作社发展的本质要求突破了弱者联合这一范畴，使得合作社在成员吸纳之初就涵盖了低收入农户、普通农户和拥有技术、资本等资源的“精英”农户，导致成员异质性的必然存在。空间和时间差异也会导致成员异质性。空间上，合作社覆盖的地域范围越广，不同地域之间政治经济、文化、语言、风俗习惯等的差异越会加深成员异质性的程度[65]；时间上，在合作社的不同发展阶段，成员的发展条件会发生改变，也有可能导致异质性。Boxall[66]认为合作社成立时间越长，成员异质性会越明显。黄祖辉[67]认为我国农民专业合作社大多是由村庄的村干部、乡贤、能人或乡镇企业牵头成立，由分散小农户联合发起合作社的情况较少，个体经营发展能力较弱的普通农户、小农户多为合作社的参与者，因此合作社的牵头人和参与者存在显著异质性。邓宏图、鹿媛媛[68]分析认为，传统合作社的发展基础是成员同质性，各成员相互协作，共同获利，而现阶段我国农民专业合作社基本上由少数核心成员和多数普通成员构成，这与传统合作社存在本质区别。

部分学者从农户个体出发来分析成员异质性，认为农户在加入合作社之前的自身禀赋差异是成员异质性的根本成因[69][70]。例如，性别、年龄、受教育水平等农户个体基本特征[71][72]，劳动力水平、工作经验、获取信息能力、接受培训等与劳动力相关的特征[73]，风险偏好、投资偏好、期望收益等经济行为特征[74]。Alho[75]认为这些个体差异在农户加入合作社后有可能会导致成员在入社倾向、参与程度、对合作社信任程度等方面的异质性。国内学者也从成员自身特征差异来分析合作社成员异质性成因。于会娟、韩立民[76]认为合作社应该尊重成员要素禀赋和要素投入的差异，设计有效率的治理机制。徐旭初、邵科[77]从资源禀赋、入社动机和参与行为三个维度对合作社成员异质性展开分析，并为如何消除异质性提出建议。

（2）成员异质性影响。现有研究关于成员异质性对合作社的影响究竟是利是弊尚无定论。国内外学者多从“帕累托积累”和“激励相容”理论出发，肯定成员异质性对合作社发展的正向作用[67][75]。他们认为，在要素禀赋和要素投入方面存在优势的少数核心成员应该拥有更多的所有权和控制权，这有利于稀缺要素发挥作用，提升合作社的产出效率[78][79][80]。孔祥智、蒋忱忱[81]认为相较于成员同质性更显著的合作社，成员异质性更显著的合作社在市场中更具有竞争优势。楼栋、孔祥智[82]从理论层面讨论了成员异质性对合作社发展的积极影响和消极影响。徐旭初、吴彬[83]认可了合作社的异化，但是他们认为现阶段异化后的合作社是我国在推动“三农”发展进程中的组织创新形态，能够为小农户提供帮扶，提升小农户的市场参与度和收益。

有学者认为成员异质性会增加合作社的治理难度，他们认为合作社成员异质性程度越高，成员对合作社的忠诚度越低、对合作社的投资意愿越低、合作社的管理难度和决策难度越大[84][85]。国内部分学者从合作社异化的角度分析了成员异质性的负面作用。我国现阶段的农民专业合作社多由“大户”牵头成立，部分学者认为这不是真正意义上由小农联合起来的合作社，更多的是具有公司的性质[86][87][88]。

（3）成员异质性行为。部分学者关注成员异质性行为。从我国合作社发展实践来看，农户加入合作社的行为可以分为“主动加入”和“被动加入”两类，主动加入合作社的农户认为合作社能够为自身带来收益，被动加入的农户大多是在乡村能人（种植大户、民营企业家、村干部、乡贤等）的影响或带动下加入进来的。罗明忠、陈江华[89]认为不同农户选择加入合作社的目的各有不同，乡村能人（种植大户、民营企业家、村干部、乡贤等）加入合作社是想要享受更多的政策扶持、拓展自身产业发展规模、获得资金技术服务、畅通信息渠道等。孟祥东、薛兴利[90]则分析了普通农户加入合作社的动机，认为普通农户或低收入农户加入合作社的目的是降低生产成本、增加经营收入。不同的动机会导致农户不同的参与行为。冯娟娟、霍学喜[91]把农户参与合作社的具体行为分为投资入股、参与决策、购买农资、销售农产品等。罗玉峰等[92]认为农户对投入产出比的衡量和评估会影响农户加入合作社的行为。丁志刚、李航[93]认为习得性无助与贫困文化侵袭的过程中形成了基于贫困生活的个体认知，出现了诸如隐性抗争、冷漠观望、以贫为荣、拒绝脱贫等消减失调的行动策略。方迎风[94]认为贫困人口的行为选择会因为贫困而受到约束并产生偏差，进而影响个体及其家庭成员的发展，这种行为偏差又会进一步导致个体及其家庭的贫困程度加剧，使得这些个体或家庭陷入贫困陷阱形成持久性贫困、代际贫困、贫困聚集等各种贫困均衡状态，贫困治理难以奏效。

综上所述，现有研究多讨论成员异质性对合作社发展的影响，较少讨论成员异质性对合作社成员获益的影响。由于不同的参与动机使得合作社社员存在“自选择”偏差，不同群体特征有可能会影响成员加入合作社之后的收益情况。同时，由于存在成员异质性所导致的自选择偏差，在评价合作社对农户的帮扶效应时，会产生估计偏差，从而影响对合作社实际效益的准确评价。

1.2.4 公共政策评价研究

从方法论的角度看，西方已形成较系统的公共政策评价方法体系。现有评价方法主要包括综合性评价法、形成性评价法、量化评价法和质量评价法、实验性评价和开拓性评价；实证分析的主要方法有成本—效益分析、准实验研究设计、多元回归分析、民意调查研究、投入产出分析、运筹学与数学模拟模型和系统分析等。公共政策评价的科学性体现在科学的理论、合乎逻辑的论证方法和完整、准确的数据等方面。20 世纪 80 年代后，随着计算机技术的广泛应用，政府政策的透明度越来越高，数据信息收集成本、时效性、系统性大为改善，政策评价方法基本成熟并形成系统，这些方法的共同特点是引入政策收益函数，以数量评价为基础，结合质量评价进行分析。

在进行政策效果评价时，需要区分两种不同的类型：一是区分对某项特定政策或干预措施在不同群体之间效果差异的监测性评价和对该项政策或措施本身的评价；二是区分对某项特定政策或干预措施的描述性研究和评估政策效果的评估性研究。例如，加拿大人力资源开发部 1998 年将评价方法分为两类：第一类是确定格林威尔计划是否按计划实施的方法（过程性评价）；第二类是衡量该计划是否成功实现其目标的方法（总结性评价）。已有研究较多地使用了传统 OLS 方法、工具变量法和 Heckman 两步法等估计项目收益率。然而，多数模型不能很好地解决样本自选择问题且难以进行反事实分析，另外，这些模型在函数形式、误差项分布上也存在着诸多限制。

总结性评价关注一个计划或政策是如何改变研究对象的，要做到：

(1) 明确因果关系，即明确政策实施与评价结果之间的因果机制。 Fischer[95]提出，经典的政策评价是通过揭示因果机制来分析政策的成败，从而分析政策对社会的影响。Ravallion[96]，申云、彭小兵[97]都是在一个因果建模框架中，将多种贫困摆脱模式与政策工具同时引入，通过比较不同方式的减贫效果差异，论证最优的扶贫模式与政府最佳扶贫路径。

(2) 明确反事实结果，即个体不参与某项政策的结果与实际观察到的结果有什么不同，并且这两种结果的差异在于是否参与某项政策。 Cobb-Clark 和 Crossley[98]设计了一种估计方法来观察反事实的结果。无论选择何种方法，都必须假定方案影响是同质的（意味着方案对个人的影响是相同的）或是异质的（意味着方案对个人的影响不一定相同）。正如 Crook[99]所提及的，“实现减贫往往是多种政策工具综合作用的结果，政策间也往往存在互补或替代性关系，这使得分离出具体政策的影响总是相对困难，更遑论贫困个体的自选择行为也在一定程度上影响着对政策工具的定量评估”。

Fernandes 等[100]，Rosenbaum、Rubin[101]讨论了这种非参数“倾向性得分匹配”（PSM）方法，并符合 Heckman 两步程序。过程为：在估计农户倾向性得分后，将家庭分成具有类似基本特征的组，然后在这些组中比较合作社成员和非合作社成员，确保实现了同类比较[102]。Scott[103]使用亚洲与非洲 73 个样本进行了集权与民主政府的倾向得分匹配，实现集权型与民主型政府减贫约束的对比分析。

Card[104]在研究 CETA 项目对参训后员工的工资结构变化时，首次使用了双重差分（Differences-in-Differences，DID）模型。由于模型设置简单科学，能够准确地估计出政策效应，双重差分的方法被广泛应用于政策和项目效果评估。国外研究中，Eissa[105]使用双重差分模型将研究对象分组，同时研究改革前后不同分组人群行为的变化。Viard[106]应用双重差分法研究了北京奥运会期间机动车限行限号的影响，使用观看电视时长来反映对经济的影响，使用各环境监测站点 PM 2.5 数值来反映对环境的影响，通过与未实施限行限号地区对比政策前后环境经济数据变化，发现限行限号对经济发展存在抑制作用，但有助于环境污染的降低。国外学者应用双重差分方法研究医疗、公共卫生、经济、环保等领域的政策、项目评价。周黎安、陈烨[107]在国内首次将双重差分方法应用到研究中，他们利用我国7省591个县和县级市1999—2002年的相关社会经济数据，研究我国农村税费改革对农民收入增长的影响。研究发现税费改革对样本期间农民纯收入增长的贡献高达40%以上，而且该影响有一定的持续性。这一研究为之后国内学者应用双重差分方法进行研究奠定了基础。国内学者大多在经济、金融等政策、项目效果研究中使用双重差分方法[108]。

内生转换模型最初是用来解决经济计量问题，Sook[109]使用内生转换模型研究了加入公会的决定及工会对工资率的影响，加入公会的选择倾向取决于加入公会可能带来的净工资收益。Maddala[110]对模型进行了修正和总结，该模型被用来解决同一体制下不同模式的选择问题。目前，在劳动经济学领域、市场需求预测与市场失衡等方面，内生转换模型已经成为主要的内生选择偏差修正模型。Bharath、Sunder和Sunder[111]运用ESR模型研究了会计质量对银行贷款和发行债券两种融资成本的影响的差异性，发现会计质量比发行债券的融资成本的影响更大。

综上所述，从方法论角度来看，国内外对于政策效果的评价研究重视因果关系分析和反事实结果推断。这为本书考察合作社的增收效应提供了思路。

1.2.5 稳健性检验研究

近年来，学者们都开始重视稳健性检验，当得出一个结论时，需要通过一系列方法来验证所得的结论是否可靠。改变一些条件或者假设后，所得结论依然不变，那么结论就是稳健的、可推广的，否则，结论有待商榷，需要找到使结论发生改变的原因并进行解释。现有研究中，常用的稳健性检验方法包括变量替换法、改变样本容量法、分样本回归法、处理内生性问题等。

变量替换法是最常用的稳健性检验方法。多数学者采用替换自变量的方法来检验模型的稳健性。例如，蔡晓慧[112]在研究地方政府基础设施与企业技术创新之间的因果关系时，用“地级市辖区道路密度”代表“基础设施基本存量”进行稳健性检验，在理论上证实了道路密度能够在一定程度上反映基础设施基本存量的概况。也有学者通过替换因变量来重新拟合模型。例如，周京奎[113]在研究农业生产率对农村家庭教育投资的影响时，先用家庭教育支出和学杂费支出作为教育投资的衡量指标，然后用家庭教育支出占当年家庭收入的比例作为结果变量进行稳健性检验。谭远发[114]用保留工资替换实际工资进行父母政治资本影响子女工资溢价研究的稳健性检验。

由于不同样本细分类别对影响因素的敏感性不同，分样本回归的方法也常用来进行稳健性检验，如把样本按人口规模分类、按地理位置分类、按城乡差别分类、按性别分类等。例如，刘怡[115]在研究婚姻的“门当户对”对代际流动性影响时，把子代划分为城镇和乡村两类，结果显示出城镇地区和农村地区依赖婚姻匹配程度的差异性。刘畅[116]在研究子女外出务工对农村父母身心健康的影响时，考虑身体健康以外的其他健康指标进行稳健性检验。

内生性问题是进行实证研究时要面对的一个大问题。处理内生性问题时，可以通过 Heckman 两步法消除样本选择偏误，利用工具变量克服反向因果关系，通过加入自变量滞后变量解决可能存在的潜在内生问题。施炳展[117]在分析互联网对中国制造业企业分工水平的影响时，详尽地讨论了如何解决内生性问题，以此来进行稳健性检验，提高结果的可信度。

综上所述，稳健性检验对于社会学研究而言意义重大。目前并没有统一的稳健性检验标准，研究者大多根据自己的研究目的来设计稳健性检验的切入点。本书将通过替换模型、替换因变量等方法验证实证结果的稳健性，以得出更为可靠的结论。本书进行稳健性分析的模型有多水平统计、交互项回归等。

1.2.6 研究评述

合作社如何提升农户收入是“三农”研究的一个重要议题，既要分析农户收入的影响因素，也要分析合作社的增收效应。已有研究从多个角度采用多种方法展开分析，对农户收入影响因素的探索已经从单维到多维、从宏观到微观，对合作社这一政策效果的评价也开始重视因果关系分析。成员异质性这一问题也开始被研究者所关注。梳理文献可知，国内外对合作社以及农户收入的研究丰富而全面，现有研究为本研究创造了重要的理论基础，提供了可参考的研究思路。现有研究仍可以在以下几个方面补充完善：

（1）从因果关系的角度分析农户收入的影响因素。现有研究在分析农户收入影响因素时，通常是在理论分析的基础上，采用统计学方法来筛选变量，使用依靠统计标准选择出来的变量进行分析，可以提高估计精度，却对理解理论机制帮助不大。在因果分析框架下，除了关注结果的无偏性，也要关注如何基于事实的因果关系来设计模型，使得模型结果能够更好地帮助我们理解现实问题，并能够将估计结果从严格限定的随机实验环境扩展到更接近现实的观察环境中。因此，要在因果分析的框架下选择合适的筛选影响因素的方法。

（2）从成员异质性的角度评价合作社的增收效应。影响合作社增收效应的因素有很多，从农户视角出发，农户家庭人口学特征、家庭社会经济特征等内部因素，合作社发展状况、市场状况等外部因素都会影响合作社成员的收入。现有研究大部分是围绕影响因素的均值效应展开，但是政策制定者更关心某项政策（措施）对不同群体的差异化影响。异质性成员结构是影响合作社成员收入的一个不可忽视的因素，因此，要考虑成员的异质性特征，在政策效果评价时消除异质性因素的影响，并对异质性群体的收入进行深入分析。

（3）从反事实结果推断的角度进行政策效果评价。首先，侧重对政策实施效果的总结性评价（而非过程评价）；其次，在选择评价方法时重视因果关系和反事实推断。我国的制度实践与政策推进路径具有典型的“先试先行”与“先点后面”特征。遵循 Scott 和 Porta 的实证思路，贫困地区贫困人口选择是否加入合作社的行为差异构成了政策供给强度具有显著差异的“加入合作社样本组”与“未加入合作社样本组”，这种配对样本的存在，使得在“干预—控制”框架下能够通过比较不同样本收入增加的差异性结果分离出合作社的实际增收效应，最终能够证实或证伪“合作社是否具有更好的收入增加效应”，并探测出贫困户加入合作社之后的具体增收路径。

1.3 研究思路与研究内容

1.3.1 研究思路

本研究关注农户增收问题。影响农户收入的指标都属于“观察数据”，由于农户异质性的客观存在，“加入合作社样本组”与“未加入合作社样本组”并不是随机实验对照组，在行为已经发生的情况下，主体的参与状态已经成为既定事实，对这一行为效果的评价属于“事后”评价，无法观测到反事实的结果。对合作社增收效应的评价要在反事实推断框架下展开，以消除组间异质性和各类偏差。

本研究在农户异质性的视角下，基于可持续生计理论、参与式扶贫理论、赋权理论、公平理论等分析农户加入合作社的行为倾向、合作社增收效应、合作社增收效应的反事实结果、收入细分下的合作社增收效应、成员异质性条件下的合作社增收效应。研究以武陵山区建档立卡贫困户为调查对象，通过聚类选择合适的样本区域，依托国家扶贫开发办公室的“扶贫开发信息系统”，通过实地走访调研、跟踪扶贫开发项目，获取一手资料。

首先，使用因果有向非循环图（C-DAGs）探索具体的因果路径，并找出基于因果关系的初始变量集。其次，运用 Logit 模型分析贫困户加入合作社的行为影响因素，运用 PSM-DID 模型评价合作社的增收效应，运用 PSM-ESR 模型估计合作社增收的反事实结果。再次，运用分位数 DID（QDID）、分项收入 DID 探究收入异质性下的合作社增收效应。运用主成分分析、熵权法、聚类法、多元统计、多水平统计等分析方法探究成员异质性条件下合作社的增收路径。最后，对结果进行汇总，得出有效结论，并给出合理的对策建议。研究方法的核心是统计分析模型的合理建立，技术路线的关键是相应方法的步步深入分析。本书技术路线如图 1-3 所示。

1.3.2 本书章节介绍

本书共七章，各章主要内容为：

第 1 章：绪论。本章分析了贫困户增收这一现实问题的理论背景，从农户收入增长、合作社增收效应、成员异质性、公共政策评价、稳健性检验等方面梳理国内外文献，综述现有研究的理论内涵，明确了从因果关系分析、反事实结果推断、成员异质性分析的角度对现有研究进一步补充完善。在此基础上，给出了全书的研究思路和内容框架，确定了研究方法体系，并说明了本书的创新研究价值。

第 2 章：概念与理论基础。本章主要分析了本书的理论基础，阐述并界定了贫困、产业扶贫、农民专业合作社等基本概念，结合反贫困理论框

研究基础
研究问题
研究对象
研究内容
对策研究
理论基础
可持续生计理论
参与式扶贫理论
赋权理论
产业扶贫理论
农户收入增长理论
研究目标
农户加入合作社行为倾向
合作社增收效果评价
观察数据的反事实推断
异质性条件下的增收机理
武陵山区
农户异质性
因果关系
成员异质性视角下农民专业合作社的贫困户增收效应研究
研究视角
微观
宏观
贫困户可持续发展
内生发展能力
反事实推断
农户异质性
研究思路
特征辨识
专题研究
实证研究
文献综述
理论研究
前期调研
武陵山区
实证研究
建档立卡数据
现实分组
非随机样本，组间存在异质性
加入合作社
不加入合作社
样本匹配
PSM匹配，消除组间异质性，生成随机样本组
增收效应评估
总收入
DID估计——消除时间效应
ESR估计——消除不可测偏差
细分收入
分位数DID——区分收入水平
分项收入DID——区分收入来源
分项收入分位数DID
生计资本异质性下增收效应评估
生计资本分类
主成分分析
熵权法
聚类法
增收效应评估
调节效应分析
多水平统计
结论与建议
研究结论：总结实证结果，提炼核心观点
对策建议：从产业发展视角与农户发展视角提出具体措施
因果路径判断
因果推断
政策评价
政策出路

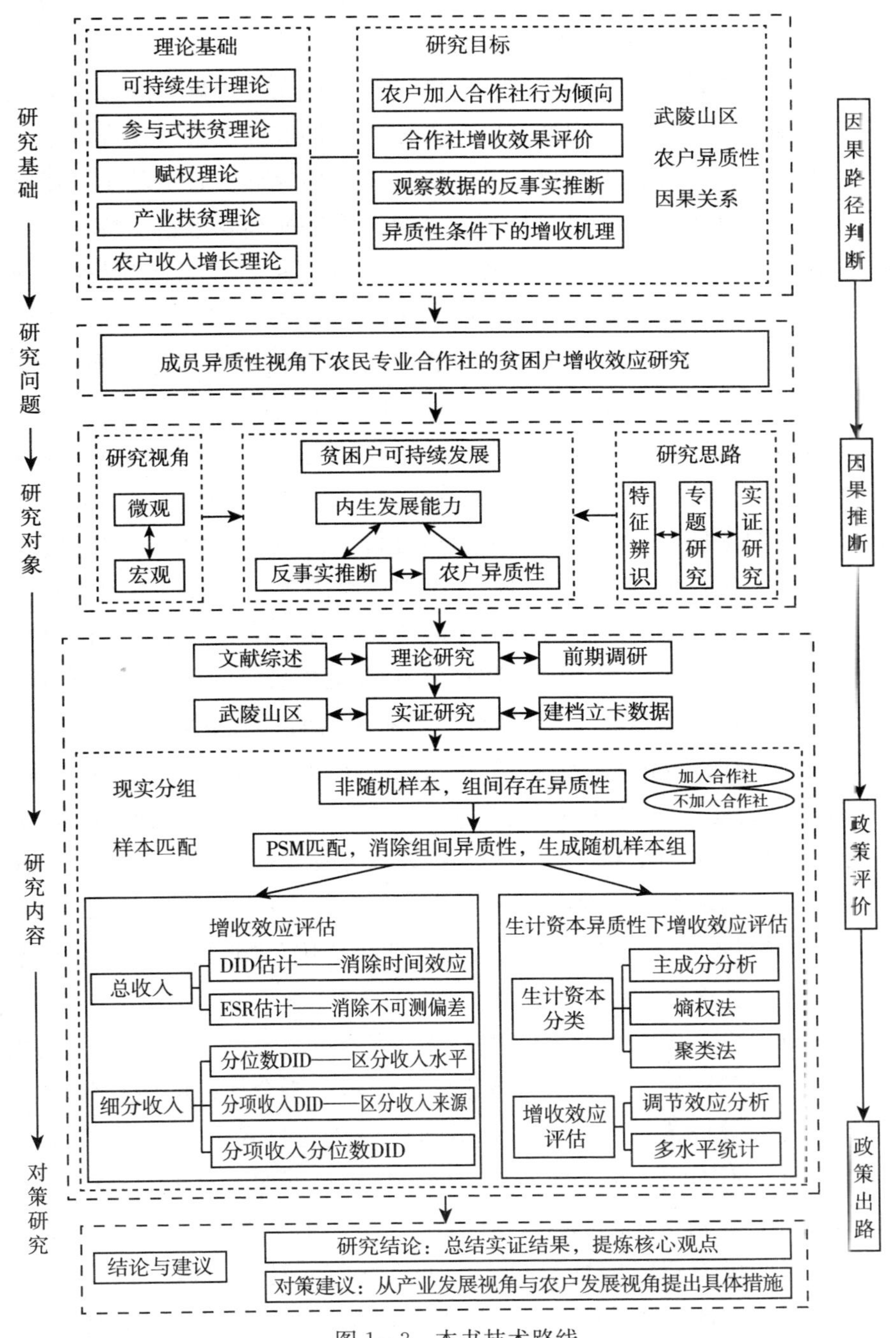

图 1-3　本书技术路线

架与研究，简述可持续生计理论、参与式扶贫理论、公平理论、赋权理论等基本理论，为后文开展研究提供理论支撑。

第 3 章：贫困户增收因果路径判断。本章首先采用聚类的方法对武陵山区的贫困县进行分类，根据不同的贫困类型抽取样本县，在样本县采用随机抽取的方法抽取样本数据，并对数据进行预处理。其次基于调研材料和理论基础，从家庭的人口学特征、社会经济特征和政策感知特征三个方面构建协变量。最后通过有向非循环图（C-DAGs）的路径选择原则找出基于现实因果关系的影响路径和影响因素。因果有向非循环图确定了两个初始变量集。本研究的数据获取、数据处理等过程都严格遵循科学原则，为后文开展实证研究奠定了真实、可操作的数据基础。

第 4 章：贫困户行为选择与合作社增收效应分析。通过构建“加入合作社组”与“未加入合作社组”，消除样本的组间异质性偏差，估计合作社的实际增收效应。首先，对样本数据进行了描述性统计，运用 Logit 模型估计贫困户选择加入合作社的行为倾向影响因素；其次，使用倾向得分进行样本配对，消除组间异质性，并通过替换自变量来验证倾向得分匹配结果的稳健性；再次，考虑观测数据存在的变量遗漏问题，运用 PSM 匹配后的随机配对样本进行 DID 回归，消除不随时间变化的组间差异，缓解遗漏变量偏误，准确评估合作社对贫困户的增收效应；最后，运用 PSM 匹配后的处理组和对照组进行 ESR 回归，消除不可测变量的估计偏差，推断出反事实的结果，证实 PSM-DID 结果的鲁棒性。分析结果回答了“哪些因素影响贫困户加入合作社”“合作社的贫困户收入增长效应如何”“社员如果不加入合作社收入会发生什么变化”“非社员如果加入合作社收入会发生什么变化”。

第 5 章：收入异质性下合作社增收效应分析。考虑收入细分，使用匹配后消除了组间异质性的随机样本组，进一步分析合作社的增收效应，探究具体的收入增长路径。首先，对不同分位数的收入进行 DID 估计，分析合作社对于不同收入水平的农户的增收作用；其次，对不同分项收入进行 DID 估计，分析贫困户加入合作社后的分项收入增长；最后，通过替换核心解释变量进行稳健性分析，用工资性收入替换总收入进行分位数 DID 估计，探寻合作社社员收入增加的具体路径，验证结果的鲁棒性。分析结果回答了“贫困户加入合作社后收入差距是否会增大”“合作社对哪一分项收入的增收作用更显著”。

第 6 章：生计资本异质性下的合作社增收效应分析。考虑农户多维度异质性，运用经过 PSM 匹配后的随机样本组，对农户进行异质性分类，基于贫困户不同生计类型评价合作社的增收效应。首先，在可持续生计框架下，采用主成分分析、熵权法、聚类分析，从人力、自然、金融、社会四个资源维度构建指标体系，把贫困户分为高生计资本类和低生计资本类；其次，加入生计资本类型的调节效应，分析合作社对生计资本异质性贫困户的增收作用；最后，运用多水平模型进行稳健性分析，验证结果的鲁棒性。分析结果回答了“合作社对生计资本异质性社员的增收作用是否存在差别”。

第 7 章：研究结论与对策建议。汇总实证结果，依据实证分析结果所揭示的规律性事实，结合我国精准扶贫时期合作社的发展实践，提炼本书的核心观点。基于核心观点，结合拓展巩固脱贫攻坚成果同乡村振兴战略衔接对我国脱贫地区产业发展的要求，从产业发展提质扩容、农户生计资本多样化等方面对提升合作社的增收效应提出建议，以期实现区域产业与农户个体的协同发展，助力乡村振兴。本书围绕“合作社的贫困户增收效应如何”这一核心问题进行分析，本书的逻辑结构如图 1－4 所示。

1.4　研究方法

在国内外相关理论研究的基础上，进行理论逻辑综合和思想创新，选择武陵山区贫困村庄开展广泛调研，深入分析和对比研究，寻找共性特征，提出政策建议。根据区域广泛调查需要，采用文献分析、实地调查、案例分析、统计分析等系统化的调查研究方法。

（1）文献分析。文献分析在两个阶段发挥作用。第一是研究准备阶段的文献研究。系统梳理自中华人民共和国成立以来国家各项扶贫开发政策，重点学习大扶贫格局下国家各项推进政策，采用 Citespace 可视化文献分析法，从 CNKI、Web of Science 等网站搜集论文、专著、报告等文献资料，为研究准备理论依据，为确定研究目标提供思路和参考。第二是调查研究阶段的资料收集。利用网络资源和扶贫开发工作人员的协助，从中国统计局网站、中国扶贫开发网、各地政府报告、中国扶贫开发监测报

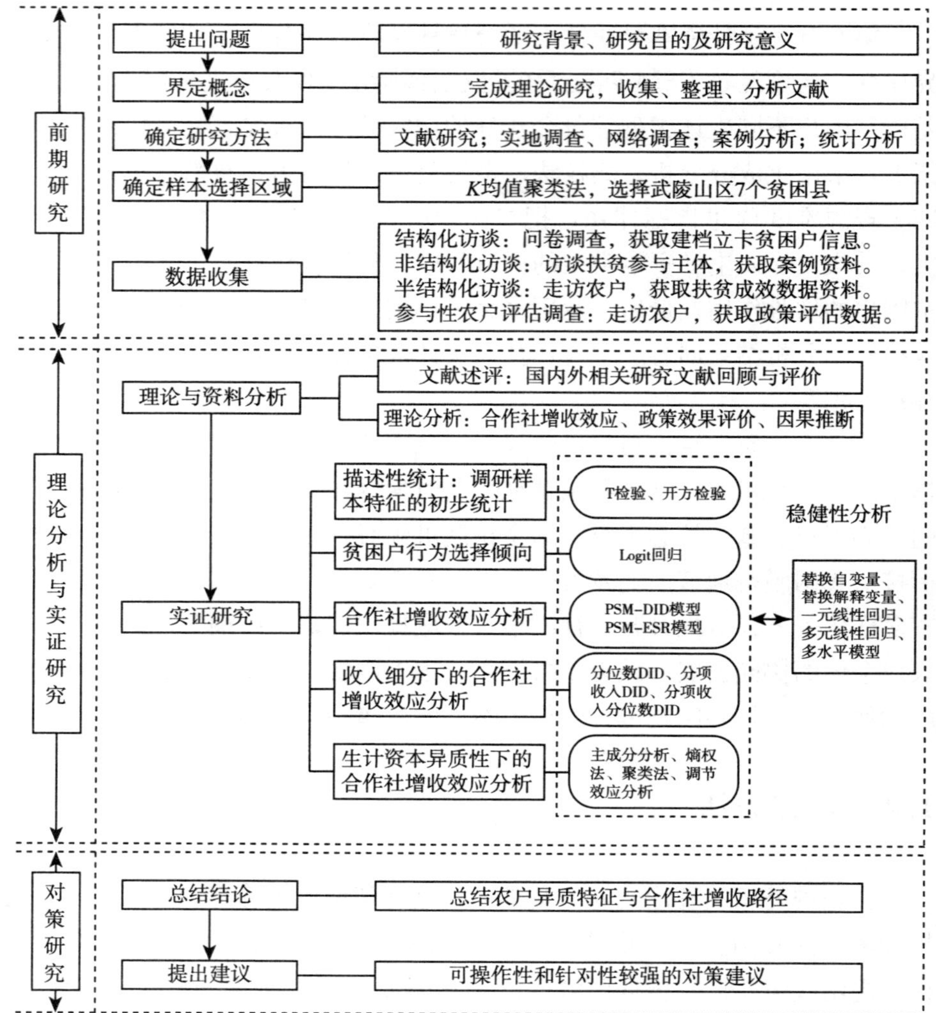

图 1-4　本书的逻辑结构

告等网络资源中展开“网络田野调查”，获取二手资料，涵盖丰富的案例和数据，与实地调查获得的一手资料相互验证与补充。内容涵盖三类：搜集国内外贫困治理研究成果，把握研究主题的学理性；获取国家扶贫相关法律法规、地方政策和规范性文件、数据文字资料等，把握研究主题的政策背景；搜集相关文献资料和案例资料，把握研究主题的实践意义。

（2）实地调查。笔者所在的研究团队在武陵山区展开实地调研，时间跨度为5年。通过参与性农户评估调查方法（PRA）以及结构性访谈、半结构性访谈、非结构性访谈等方式，采用分层随机抽样的方法，获取了9个县853户建档立卡贫困户的一手资料和相关数据；通过结构性访谈、半结构性访谈、非结构性访谈等方式，访谈扶贫开发部门相关工作人员20余人，取得了丰富的一手实践性证据。

通过参与或非参与直接观察、结构性访谈、半结构性访谈、非结构性访谈等方式，跟踪四省（市）10余个典型扶贫开发项目，并与项目参与人员（包括工作人员、非建档立卡贫困户和建档立卡贫困户）进行交流，获取丰富的一手地方性证据。一手资料和二手资料相结合，为研究提供丰富的资料支持。

（3）案例分析。本研究采用横向案例与纵向案例相结合的方法来支撑数据分析的结果。横向案例是研究同一区域不同民族在同一时期的脱贫状况，或者研究不同地区同一民族在同一时期的脱贫状况。纵向案例是研究某一区域政府贫困治理的历时性特征，考察不同时期该区域贫困治理行为的演进。

案例选取的标准主要体现在以下几个方面。

①区县选择：着眼于具有典型民族特征的国家级深度贫困县，优先考虑贫困发生率最高和变化最大的区县。

②受益者选择：涉及脱贫攻坚重点关注的贫困群体。

③及时性：优先选择较新的案例，而不是陈旧的案例。

④创新性：优先选择具有创新模式的案例。

研究团队每到一个地区，会首先与当地扶贫开发相关部门一线工作人员沟通选取案例的标准，由熟悉当地扶贫状况的一线工作人员推荐备选案例，然后研究团队基于理论和现实，确定最终的案例。不足之处：由于客观条件限制，研究团队获取的案例数量较少，涉及范围较窄；同时，多数案例为2020年底之前获取，对于案例的最新进展信息获取较少。

（4）量化数据分析。

①统计方法。统计方法涵盖了一系列数据处理、数据描述性统计、数据分析的方法。本研究使用的统计方法主要有T检验、开方检验，Logit回归、最小二乘估计、多元线性回归估计、主成分分析、熵权法、聚类分析等。其中，运用聚类方法选择样本区域；运用T检验和开方检验对数

据进行描述性统计；运用Logit回归分析农户加入合作社的行为倾向和选择偏差；运用主成分分析法，对农户生计资本指标进行降维；运用熵权法计算农户生计资本综合评价值；运用聚类法对农户进行异质性分类；运用有交互项的多元线性回归分析生计资本异质性对合作社增收的调节效应；运用最小二乘估计、多元回归估计计算合作社的增收效应，用于对照分析和鲁棒性分析。

②计量分析法。为了处理模型中由可测或不可测因素引起的估计偏差，本研究在准实验设计的框架下，针对研究中存在的不同问题细分，使用不同的方法模型，保证结果的鲁棒性。运用PSM-DID模型消除不可测变量选择的样本偏差，解决内生性问题，计算合作社的增收效应；运用内生转换模型消除不可测变量的群体异质性偏差，估计合作社增收的反事实结果；运用分位数DID、分项收入DID来评价合作社对收入异质性成员的增收作用；运用分项收入的分位数DID进行稳健性分析。

1.5 本研究的创新

本书尝试解析成员异质性条件下中国农民专业合作社帮助贫困户增收的本征机理，从经验主义的角度来认识问题，从数据科学的角度来分析问题。研究具有一定特色，创新点体现在：

（1）构建了反事实因果分析框架。合作社成员异质性一直都存在，从实践来看，农户在行为选择、资源禀赋、利益获得、个体发展等方面的差异化逐渐凸显，异质性群体加入合作社后获利不平衡有可能阻碍合作社的发展。本书在农户异质性的视角下，基于准自然实验的思路，构建了“因果路径判断—政策评价—政策出路”的反事实因果推断框架，设计了层层递进的模型，实现了对合作社增收因果关系的数理化，消除了“加入合作社组”与“未加入合作社组”样本的组间异质性和多种偏差，实现了对合作社增收效应的精准评估。这一框架有助于发掘“潜在”影响因素，丰富了农村反贫困研究。

（2）分析了异质性收入的增长效应。考虑贫困户收入差距与政策依赖，分析了不同差异类型的收入细分，在反事实因果分析框架中，将收入水平差异与收入来源差异纳入统一的框架中，运用分位数双重差分法估计多维度论证下不同收入水平、不同收入类别、某一收入类别的不同收入水平的增收效应，弥补了现有研究只从单一维度考察收入增长效应的不足。发现精准扶贫政策实施期间我国合作社对低收入人群的增收效应更显著，合作社的增收效应随着贫困户收入水平增长而减弱，即合作社的“益贫性”更强。

（3）量化分析了生计资本异质性。从人力、自然、金融、社会四个资源维度构建了贫困户初始生计资本衡量指标体系，全面分析了贫困户的初始生计资本差异，量化了贫困户生计资本水平。加入生计资本异质性的调节效应，评估排除混杂因素后的增收效应，更为准确地评判了贫困户通过提升生计资本或加入合作社获得收入增长的可能性。突破了已有研究多定性描述成员异质性特征，缺少对生计资本及其调节效应的系统评判的不足。

2 概念与理论基础

本章主要分析了本书的理论基础，阐述并界定了贫困、产业扶贫、农民专业合作社等基本概念，结合反贫困理论框架与研究，简述可持续生计理论、参与式扶贫理论、赋权理论等基本理论，为全书研究提供理论支撑。

2.1 核心概念

2.1.1 绝对贫困和相对贫困

"贫困"属于跨学科概念，最早由亚当·斯密提出，不同学科、不同理论视阈下的学者利用不同的理论范式来定义"贫困"这一概念。本书通过分析贫困标准来理解贫困的内涵。经济增长、收入差别和贫困三个变量之间存在相互关系：Reynocds[118]认为绝对贫困与收入水平低下相关，提高贫困人口的收入水平有助于他们摆脱绝对贫困；相对贫困与收入差别程度相关，收入增长过程中，收入差别程度增大，就会产生相对贫困问题。最初"贫困"是指"绝对贫困"。贫困线最早由布什和朗特里[119]在1895年定义为家庭最低生活支出，认为家庭贫困源自家庭收入无法满足维持家庭成员生理功能的最低需要（最低需要即为衣、食、住等必需品）。这一概念为量化贫困程度奠定了基础。Ravallion[120]对收入贫困的定义与布什和朗特里的定义相近，也是从收入无法维持家庭衣、食、住等基本生活需求的角度定义贫困。世界银行1980年将基本生活条件的定义扩展到了社会认可的层面，认为若某些群体或国家没有拥有社会公认皆可拥有的舒适生活和社交机会时，便是处于贫困状态。延续该思路，周彬彬[121]将经济收入是否能够达到社会可接受的生活标准作为判断个人或家庭是否贫困的标准。康晓光[122]在《中国贫困与反贫困理论》中，将"贫困"定义为由于经济方面的低收入造成的基本物质、基本服务等方面的缺乏所导致的人们丧失发展手段和机会而无法满足自身基本生存需求的一种状况。胡鞍钢、李春波[123]也从社会认可的物质生活条件来定义贫困，认为如果家庭或个体的收入无法达到社会认可的最低标准，就认为他们处于贫困状态。

随着研究的深入，学者们开始关注收入变动情况下的贫困问题，并分化出相对贫困的概念。与绝对贫困强调生存困难、温饱难以实现、社会再生产条件不足等不同，相对贫困主要关注必要购买力与支付能力，多从家庭收入匮乏、社会保障不完善、社会支持弱化、健康水平低下等边缘化特征的角度讨论贫困问题[124]。20 世纪 60 年代，Runciman[125]在贫困研究中提出相对剥夺（Relative Deprivation）的概念，即家庭或个体收入虽然可以满足生存需求，但是只能维持低于社会平均生活水平的状况，这一状态描述的就是相对贫困的情况。Mander[126]，Clarke 等[127]明确提出了相对贫困的概念，认为在判断贫困状态的时候不能只考虑绝对贫困线（基本生活线），而要判断家庭收入在社会收入分布中所处的位置。

我国在 2020 年消除了现行标准下农村地区的绝对贫困，国内学者也开始从相对贫困的角度关注“后 2020 时期”国家的相对贫困治理问题。李小云[128]认为我国帮助贫困人口摆脱绝对贫困的发展阶段已经过去，收入不平等已经成为农村贫困的主要问题之一，农村贫困将会进入一个以转型性的次生贫困和相对贫困为特点的新阶段，转型贫困群体和潜在贫困群体将会成为扶贫工作新的目标群体。霍萱、林闽钢[129]认为即使基本解决了温饱问题，但是在收入达不到社会平均水平的情况下，贫困人口很难扩大再生产，仅能勉强维持生存，这也是一种贫困状态。叶兴庆等[130]指出 2020 年后我国贫困类型以相对贫困为主、贫困人群呈现散点化、高流动性的空间分布特征。孙久文[131]明确提出 2020 年后相对贫困是贫困治理的重点，认为 2020 年后的扶贫工作发生了转变，向缓解相对贫困转变，向统筹城乡扶贫转变，应从建立扶持相对贫困落后地区发展的国家战略、实行多重政策扶持、建立多方共同参与的扶贫机制、实施保障性扶贫与开发式扶贫共存的策略、有效利用新兴技术手段创新扶持办法等路径入手，随着相对贫困多维化，政策应以缩小收入差距为主要目标，辅以特殊人群的帮扶政策。张明皓、叶敬忠[132]认为 2020 年后贫困治理应以普惠性贫困治理制度、综合性贫困治理体制结构和差异性贫困治理政策的设计为转型方向。

相对贫困概念对发达国家设定相对贫困线测度本国相对贫困的做法影响很大。Fuchs Victor[133]把全国人口收入分布的中值的 50% 确定为相对贫困线，使用其来估计美国的贫困人口数量。在其他学者的研究中，用均值代替中值估计贫困人口数量，均值或中值的其他比例（如 40%）也被用来估计贫困人口数量。OECD 成员国以社会平均收入的 40% 作为相对贫困线，欧洲发达国家倾向以一国平均（或中位）收入的 50%作为相对贫困线。Gustafsson[134]提出了将相对贫困线应用于中国城市的几种论点。

综上可知，绝对贫困是从收入这一单一指标来界定贫困，相对贫困则是描述一种收入差异的贫困状态。由于不同收入水平之间的差异性长期存在，相对贫困这一问题也将长期存在[135]。

2.1.2 贫困测度与识别

有学者认为除了收入以外，其他因素也应被考虑作为衡量贫困的重要指标，多维贫困能够较好体现个人实际的生活状况[136][137]。《资本论》将贫困归纳为物质贫困和精神贫困。阿马蒂亚·森[138]认为“贫困不仅仅是收入低下，而是一种对基本能力的剥夺。”“改善农户的身体健康水平、思想素质、综合能力等可以有效解决贫困问题。”考虑收入和支出以外的指标，世界银行增加了多项补充指标来测度贫困，如人群所享有的医疗卫生教育资源、人口预期寿命、儿童死亡率、营养指数等。这些研究都是根据多个指标来衡量贫困状态，即多维贫困。多维贫困问题多从人力资源水平、能力与权力等方面展开论证。国内学者偏重因素分析，认为物质匮乏或收入不平等是贫困根源，贫困具体表现为能力缺乏、文化落后、制度限制、权利剥夺、环境脆弱等。部分学者注意到农村地区非农经济发展滞后所导致的就业机会欠缺与非农收入偏少、农村人口社会保障不足等问题[139]。胡振光、向德平[140]从生计脆弱、社会排斥等方面对收入贫困进行了论述，认为就业机会匮乏、社会福利被剥夺、被经济社会活动所排斥等，导致收入来源不足，才会出现收入贫困这一结果，要研究贫困问题，就必须研究导致贫困现象产生的深层次原因。邓维杰[141]从贫困地区的金融抑制现象中提炼出了权利贫困的概念，强调贫困人口在社会活动中所处的弱势地位。莫光辉[142]也关注到金融抑制和贫困人口权利缺失的问题，分析了农村较强的金融抑制对贫困人口获得信贷的负面影响。

贫困测度方法主要包括基于公理化标准的贫困测量方法和基于非公理化标准的测量方法。基于公理化标准的测量方法包括贫困指数、Sen（Sen Index）指数、FGT 指数、Watts 多维贫困指数、Tsui 多维贫困指数等方法，可以提高贫困测量的工作效率、提升测量结果的科学性。基于非公理化标准的测量方法包括人类贫困指数（HPI）、人类发展指数（HDI）、多维贫困指数（MPI）。多维贫困指数指标涵盖了寿命、读写能力、生活水平等维度，致力于反映不同个体或家庭在不同维度上的贫困程度，强调改善机会差距的重要意义。还有一些国家根据本国的贫困状况设计了多维指标，如英国基于社会排斥识别多维贫困，墨西哥和印度基于教育水平和基础设施享用识别多维贫困，还有村级多维贫困测度法等。张秀艳、潘云[143]认为贫困测量方法呈现出从宏观到微观、从单一到多元的趋势，更加符合现代研究的要求。

由上述定义可知，单一贫困概念指的是物质贫困（收入贫因），多维贫困涵盖精神贫困、能力缺乏、权利剥夺、社会福利缺失等多维度贫困。

2.1.3 贫困治理

“治理”一词源于拉丁文和古希腊语，原意是控制、引导和操纵[144]。治理的概念涵盖主体的多元性、方式的协调性、主体的参与性等方面。将治理理论引入减贫领域，能够赋予减贫问题更丰富的内涵。贫困治理早期研究集中在解决温饱问题、描述返贫现象等方面；后期研究开始寻找解决贫困问题的根本方法。贫困治理要求国家充分保障公民的基本生存权利，也要求农户个体充分参与、实现可持续的自我发展，国家职责与公民权利共同构建起贫困治理的主体，两者相辅相成，缺一不可。部分学者从共同治理、公共价值的角度研究贫困治理，认为贫困治理是具有正外部效应的公共产品，首先要弄清楚这一公共产品“为了谁”“谁受益”，即明确贫困人口的参与性地位。贫困治理问题同时涵盖了经济、政治、公共价值等方面的议题，需要国家和贫困人口共同参与治理[145][146]。

西方发达国家对贫困治理的研究视角呈现从个人视角到社会视角，再到个人与社会的混合视角的发展趋势。不同视角下贫困治理的主体、客体、主体客体关系在不同阶段发生着变化，贫困治理的范畴在不断扩大。

国际反贫困理论从可持续发展理论、可行能力理论和人力资本理论等方面关注贫困的长效治理[138]。可持续生计框架（SLA）中，农户个体生计资本是核心。贫困恶性循环理论认为，要改变贫困群众的贫困现状，进而阻断贫困，强有力的外部支持极为重要[147]。在治理手段上，经济发达的国家也制定了不同的减贫策略。

国内学者自2004年开始关注可持续扶贫模式。谷树忠[148]从多维视角研究了我国2020年后的贫困治理问题，认为应该从生态、资源、个体意愿等方面实施贫困治理策略，关注新动能、生态红利和特殊资源等在减贫中发挥的作用。白增博等[149]分析了美国的贫困治理政策，认为在“后2020时期”，我国应该推动贫困救助立法，完善帮扶体制机制，实施多元主体参与、分类救助等贫困治理措施。凌经球[150]认为贫困治理的关键是实施可持续脱贫措施，要帮助刚刚摆脱贫困的贫困户建立可持续发展能力，提升他们的抗风险能力和自我发展条件，防止脱贫人口返贫。

贫困治理涵盖以下目标：已脱贫人口不再返贫；新的贫困现象不再发生或有效消除；致贫路径有效阻断；贫困群众形成摆脱贫困的内生动能，实现贫困治理常态化。我国以往更多的是集中全国力量来解决贫困人口众多的突出矛盾。2020年后我国贫困治理出现新的特征及趋势，由绝对贫困向相对贫困转变、由农村贫困向城乡贫困并存转变、由收入贫困向多维贫困转变、由同质化普遍贫困向差异化个体贫困转变。关注相对贫困，关注更广泛的贫困人口，构建常态化治理模式、完善贫困治理体系、提高治理能力，是解决贫困问题的必然要求。

2.1.4 产业扶贫

反贫困理论的核心议题是如何刺激贫困人口突破资源禀赋限制，最终实现自我发展，进而获得持续稳定的收入。产业是实现发展的重要手段，但是产业“扶贫”的职能并未得到经济学界的一致认可，经济学理论认为产业“扶贫”违背产业“完全自利”的属性[151]，发展经济学与福利经济学理论中也未出现“产业扶贫”的概念。我国高度干预的政府能力使产业发展这一经济发展要求承担起贫困治理的职能成为可能。刘解龙[152]认为产业的益贫效应是产业正外部性的表现，能够将贫困人口纳入产业循环中，通过多种帮扶手段使贫困人口持续摆脱贫困。在我国的反贫困进程中，政府通过行政约束力和政策干预建立起了发展主体与帮扶对象之间的利益联结机制，产业发展在精准扶贫政策实施期间承担起了促进贫困地区与贫困人口协同发展的社会功能[153]。

目前对于产业扶贫的研究多落脚于政策层面，国内学者多基于精准扶贫战略时代背景下的政策观察对产业扶贫内涵展开探索。李小云[48]通过分析我国的扶贫开发历程，肯定了政策“瞄准”穷人的必要性，并提出要进行开发式贫困治理，用发展来解决贫困问题。汪三贵、胡联[154]把产业扶贫看作通过发展产业来带动贫困人口脱贫的有效手段，产业发展要吸纳广大贫困户的参与，还要通过产业发展的杠杆力量撬动更多经济效益。黎沙[155]也认可了产业发展的杠杆作用，认为产业扶贫要关注市场和经济效益，产业扶贫能够帮助贫困户增收，产业扶贫可以由政府主导也可以由企业主导。李培林、魏后凯[156]从经济发展模式的角度论述产业扶贫，认为产业扶贫是新的贫困户发展模式，这一模式实现了扶贫资源的整合性、集中性、有效性，保证了扶贫主体行动的一致性。王立剑、叶小刚[58]也肯定了政府在产业扶贫政策中的干预作用，他们认为产业扶贫中的产业发展要以区域资源禀赋与市场需求为基础，产业扶贫的最终目标是提高贫困地区与贫困人口的自我发展能力，并实现贫困人口的持续增收和长效脱贫。

部分学者分析了精准扶贫政策实施期间我国产业扶贫存在的问题，认为目前我国产业结构较为单一，产业发展同质化现象较为突出，产业发展长效性不足，无法满足乡村振兴战略发展的要求。欧志文[157]等认为我国现有扶贫产业发展主要依靠种植业、养殖业，缺少整体规划和市场分析，导致出现产业项目雷同、产业发展同质化，特色农产品价格低、滞销等问题。孙晗霖[158]等关注了产业发展所需要的基础设施，认为贫困地区交通、环保等基础配套设施较差，扶贫产业生产、运输、销售的成本相对较高，难以形成大规模的产业集聚，部分企业产品对政策资源依赖性较高，产品市场化程度低、竞争力弱。由于贫困地区经济基础薄弱，缺少人才、技术和必要的创新环境，多数扶贫产业的产业结构、品种结构有待优化，产业不可持续性情况突出。

在分析问题的基础上，学者们也提出了实现产业提档升级的对策建议。胡守勇[159]认为应该提升区域意识、厘清权责边界、深化利益联结、加强风险防范、优化经营模式。朱海波、聂凤英[160]，刘明月、汪三贵[161]

认为应通过延长产业链条丰富产品类型，培育壮大扶贫产业，延伸产业链条，完善利益联结机制，支持扶贫产业的标准化、品牌化建设，提高扶贫产品市场竞争力和扶贫产业效益。张耀文、郭晓鸣[162]，孙晗霖[163]等认为应进一步加强劳动力技能培训，提高劳动力技能水平，提高劳动力应对市场风险的能力，制定有针对性的就业扶持政策，拓展农户就业渠道，切实保障脱贫户收入持续稳定增长。肖卫东、杜志雄[164]，朱海波、聂凤英[160]认为要充分挖掘乡村资源潜在价值，积极发展农耕体验、教育示范、共享农庄、农耕博物馆、民宿酒店等新产业、新业态，充分挖掘和开拓农业和农村多种功能和价值，使多种功能和要素相互配合。李冬慧等[165]基于市场视角，从建立现代技术风险预测机制、生产性资产的清产核资等方面提出建议，防止出现大规模资产流失的情况。

还有部分学者关注产业发展的增收机制。刘建生、陈鑫和曹佳慧[166]认为产业减贫增收需要凸显低收入农户的主体性作用，注重外源性产业减贫增收机制与内生性利益分享机制的统一。杨艳琳、袁安[167]认为产业减贫增收的作用机制是利益相关方共同对土地、资本和劳动力等生产要素进行匹配的过程，重视低收入农户土地、劳动力要素的参与，才能建构多主体、多要素参与的长效机制。朱启臻[168]，汪三贵、冯紫曦[12]，平卫英、罗良清[169]等认为要继续实施就业扶贫政策，鼓励贫困人口和低收入人口就地、就近就业，推动劳务输出，加强劳动力技能培训，支持返乡创业，不断激发脱贫人口的内生动力。此外，曾福生、蔡保忠[170]着眼于规模效应、乘数效应等，运用实证分析证实了农村基础设施建设在产业振兴中的重要作用。朱兆伟[171]认为要实现乡村产业振兴，首先要整治土地和村庄，土地与村庄本身就是巨大的资源，要对农田进行高标准改造，提升粮食生产能力，对村庄、农院进行高要求改造，吸引外来投资。张晓山[172]从我国主要农产品的供需结构入手，指出根据有效需求控制供给数量、增加供给质量、推进供给侧结构性改革是促进乡村产业振兴的有效途径。

结合上述分析，考虑产业帮扶的政策性，本书把产业扶贫界定为：基于赋权、参与理念，以市场为导向，以经济效益为中心，以产业发展为杠杆，以区域与个体协同发展为目标，实现扶贫政策、产业政策和金融政策有效对接，促进贫困地区发展和贫困农户增收的重要手段。

2.1.5 农民专业合作社

在世界各国长期反贫困过程中，合作社是公认的有助于促进农业发展和农民增收的创新组织制度，对帮助贫困农户摆脱贫困作用重大。

合作社发展历史已有180年，在不同国家历史、政治制度、文化发展背景下，合作社的发展轨迹并不相同，并没有一个统一的概念来定义合作社，不同的概念反映了组织者所关注的合作社的本质特征。

国际合作社联盟（ICA）认为合作社是一个自治组织，为了实现共同的社会经济目标，人们自愿联合起来，平等享受参与权和管理权。美国农业部（USDA）认为合作社具有企业的性质，所有成员共同拥有产权、民主管理权、控制权和收益权。我国学者徐旭初[173]依照罗虚戴尔公平先锋社和现行国际合作社原则描绘出了理想状态的合作社，特征表现为成员同质、持股均等、自愿进出、一人一票、提取公共积累、返还盈余等。这种理想状态的合作社在现实中并不存在，类似于经济学中“经济人”的假设。

从合作社的现实作用来看，合作社能够为贫困人口提供就业机会、帮助贫困人口改善粮食安全，从而减少贫困的发生。世界银行报告指出，贫困个体加入合作社，能够更有效地管理自己的资产；获得服务、投入、信贷和市场；在影响其生计的决策过程中获得更有效的投入。合作社帮助生产者努力培养自己的能力，通过赋能消除农村贫困[174]。相对于其他市场主体而言，合作社参与贫困治理更能体现赋权、参与式发展和内源性发展的理念。

合作社在我国有较长的发展历史，1954—1956年，我国进行了农业合作化运动[175]。在过去几十年里，我国合作社的特征、特点和存在的前提发生了重大变化。在经历了从新中国成立初期到党的十一届三中全会之前的曲折发展后，合作社进入了稳定发展期，国家层面越来越重视和支持发展合作社。2007年《中华人民共和国农民专业合作社法》（以下简称《合作社法》）明确了农民专业合作社为互助性经济组织，主要为农业生产经营者提供服务，实现农业从业者之间的互联互助。《合作社法》大力推动了农民专业合作社的蓬勃发展。近年来，农民专业合作社的经营面和合作范畴不断拓展，部分涉及第二、第三产业，如乡村旅游合作社等，合作社发展势头良好，总量迅速增长，参与农户数量也大幅提升。据统计，我国登记在案的农民专业合作社数量近200万家，比《合作社法》开始实施时登记数量增加了75倍，全国大约50%的农户家庭都加入了农民专业合作社。

精准扶贫政策实施期间，农民专业合作社承担了贫困地区的多数扶贫项目。赵晓峰、邢成举[176]认为合作社为贫困户提供了资金、资源、技术等方面的服务，让贫困户能够在激烈的市场竞争中成为市场主体、获得市场份额，并实现自我能力的提升和收入增长，最终摆脱贫困。从贫困治理角度来看，参与贫困治理的农民专业合作社主要有产业合作社、股份合作社、资金互助社、中介服务组织四类。其中，产业合作社主要发展农业产业，涵盖农产品生产、加工、销售等环节，农户通过加入合作社参与到产业链条中；股份合作社主要通过股份化运作实现标准化生产、产业化经营和市场化运作，农户通过多种方式获得合作社股份，享受产业规模化发展的收益分红[177]；资金互助社是新型的农村金融机构，由企业和农户发起，为入股社员提供资金方面的服务；中介服务组织主要为入社农户提供进入市场所需的各种服务，涵盖与政府、市场、企业等之间的各种往来，帮助农户走向市场。中国的农民专业合作社具有“再分配”的基本原理，帮助小农克服与长期土地使用和商品相关的生产挑战，例如难以获得信息、高质量投入和贷款[178]，弥合小农和市场之间的“差距”。

综上所述，本书把农民专业合作社定义为：在参与式扶贫和自主式扶贫理念指导下，以服务全体社员为宗旨，以实现脱贫和农户持续增收为目标，在保留农户自主性与独立性的前提下，提高农户的产业参与度，提升农户的组织化程度，优化资源配置效率，实现农户可持续增收的组织形式。本书研究的主要对象是农民专业合作社对贫困户的增收作用。在下文中，将农民专业合作社简称为“合作社”。

2.2 理论基础

可持续生计理论、参与式扶贫理论和赋权理论均关注贫困户的可持续内生发展，与我国精准扶贫理论具有同样的思想内涵。

2.2.1 可持续生计理论

“可持续生计”指的是能够维持家庭或个人持续生存的能力，这一能力使得贫困人口持续获得收入、提高生存条件、长久摆脱贫困。20世纪末，国际组织提出了可持续生计分析框架，基于农户脆弱性、风险性、适应能力、发展能力等内外部因素构建了生计分析的指标体系，用于评估农户的生计资本，并为农户设计相应的生计策略。目前，学术界从人力、自然、物质、金融、社会等方面分析农户的可持续生计，主要从影响因素的角度探讨可持续生计问题，关注哪些因素会导致贫困、哪些因素会对农户的生计产生影响等。

实践层面，学者运用可持续生计框架研究农民收入、产业发展、群体脆弱性、贫困治理等问题，评价农户生计的影响因素与作用效果。例如，Soltani等[179]研究了自然资源可持续开发与减少贫困之间的关联，发现过度攫取自然资源维持生计的农户往往贫困程度更深，不依赖自然资源，依靠商业作物种植、从事非农工作的农户收入更高。Wang等[180]将代际传递性加入生计资本框架中，分析生计可持续与非农收入之间的相关性，研究发现代际传递性是导致农户家庭生计资本出现差异性的重要因素。Paul等[181]论证了在可持续生计资本中，社会资本和金融资本对农户的影响较为重要。

精准扶贫政策实施以来，国内学者多从实现长效脱贫的角度来分析农户的可持续生计。汤青等[182]基于我国西北地区农户的特征，构建了涵盖土地因素的可持续生计框架，并在此框架下评价农户的可持续生计。孙晗霖等[163]分析了脱贫户建立可持续生计的关键影响因素，在生计动态转换视角下，强调个体能力、外部环境、受教育程度等因素对生计稳定性的重要作用。单一的收入增长无法解决可持续生计问题，内生可持续发展能力是农户能够建立持续生计的重要因素。单纯的救济式福利和福利性扶贫无法增强贫困人口的内生发展动力，也难以帮助贫困人口建立可持续生计，还有可能增强贫困人口的依赖心理，使贫困的成因更加复杂。可持续发展的思维对于贫困治理具有重要意义。

在精准扶贫过程中，我国贫困地区基本生产生活条件明显改善，出行难、用电难、上学难、看病难、通信难等问题普遍解决，义务教育、基本医疗、住房安全有了保障。但是，贫困地区发展不够的实际仍然存在，贫困户家庭就业不够稳定、政策性收入占比高，持续性生计问题仍然需要关注。郑瑞强、曹国庆[183]认为扶贫开发进程中脱贫人口面临的政策性返贫、能力缺失返贫、环境返贫、发展型返贫等风险导致贫困人口生计脆弱，是导致脱贫成果不可持续的主要原因。

因此，脱贫攻坚全面收官后，应将巩固减贫成果与可持续发展一体推进，为低收入群体谋生和改善长远生活状况创造或投入经济发展要素。

2.2.2 参与式扶贫理论

参与式扶贫理论是适应社会变革的贫困治理模式，源自国际扶贫援助实践，代表了扶贫模式新的发展方向。

20 世纪 30 年代，国际上兴起了对落后国家的人道主义援助，最初的援助对受援助地区贫困人口的真实需求关注较少，导致援助成效不足。20 世纪 60 年代，反贫困实践中开始出现“参与”理念。国际反贫困开始关注“赋予贫困人口说话的权利”，援助方式开始发生改变，不但给予贫困人口对自然资源和社会资源的部分控制权，还为贫困地区提供帮助以增加区域发展的自主决策权。20 世纪 70 年代，参与式发展的思想在贫困治理、生态保护、风险管理等领域得到推广，成效显著。已有研究分析了治理主体合作的相关理论，例如迈克尔·博兰尼、奥斯特罗姆的多中心治理理论认为可以通过相互合作建立多个并存的权利中心或服务中心。冯朝睿[184]认为“多中心”能够为公民提供更多可选择的权利和服务。系统治理理论关注由各个组成部分相互合作而产生的整体效应，把协同看作多个主体共同管理事务的方式。除此之外，还有崔凤、雷咸胜[185]的合作治理和福利多元主义理论，黄承伟、周晶[186]的“共赢—协同”发展理论，这些理论从不同角度探讨了多个主体的协同效应。

20 世纪 80 年代末，参与式发展的思想被引入社区扶贫模式，有助于贫困人口参与到对贫困的界定、分析中，进而有助于提升社区援助的有效性。参与式扶贫模式开始广泛应用于世界各国，涉及教育、儿童发展、土地改革、农业产业等多个与贫困相关的领域。

20 世纪 90 年代，国际反贫困组织以救助项目的形式在中国推广参与式扶贫模式。当前，参与式发展理念已经成为我国贫困治理的主导理念之一。在参与主体方面，庄天慧、陈光燕和蓝红星[187]认为贫困治理主体包括政府、市场、社会、社区、农户。郭劲光、俎邵静[188]认为参与式扶贫注重培育贫困农民的内生发展能力。王成峰[189]认为直接援助可能不利于实质性的结果正义的实现，并最终妨害人道本身，要培育贫困户的自我发展能力。梁伟军、谢若扬[190]分析了易地搬迁扶贫模式，认为协同治理是促进扶贫移民可持续脱贫能力建设的根本路径。参与式扶贫模式能够增加弱势群体、边缘群体的发言权和决策权，是在发展中实现赋权的有效途径。参与式扶贫的重点在于尊重和包容贫困人口，保障贫困人口的基本人权和机会均等的发展权利，通过社会参与的方式，提升个体或家庭改善生计系统的能力，实现"人"的发展。参与式扶贫模式能够提高帮扶目标的精准性，实现扶贫行为的可持续性。

也有学者关注了参与主体之间的冲突。赵玉[191]认为扶贫治理主体存在合作难的问题，既有宏观体制缺陷、微观政策的误导，也有经济贫困、部门利益等多方面问题的纠结累积。陈秋红、粟后发[192]认为，在县、乡级政府和村干部、村民等贫困治理中，主要利益相关者之间存在多重摩擦。地方行政主导权过强、龙头企业的逐利行为、政策溢出群体俘获扶贫利益，都会加剧贫困农户权力的弱势化程度，影响贫困农户参与产业扶贫的利益。吴映雪等[193]认为扶贫治理中存在政府强势、社会弱势的现象，而贫困治理发展现实呼吁多主体参与治理，可能会引发治理主体不平等的现实困境。还有学者对某一主体参与减贫治理的影响因素进行了研究。刘建[194]认为政治主体性的凸显与行政主体性的弱化、政绩考核"诱致"的投机行为会影响贫困治理。杨华锋[195]认为如果过度强调政府主体责任，"淡忘"社会主体的权利与责任，有可能会形成农民增收效果逐渐弱化的"政策陷阱"。黄承伟、周晶[186]认为个人情感能量传递、企业利益博弈、社会效益产出都会影响企业在参与扶贫的过程中做出理性选择。李伟民、薛启航[196]认为新型农业经营主体在参与扶贫工作时会面临雇佣规模受限、精英俘获、小农户利益受损等现实问题。

"参与式"扶贫理论内涵体现在明确贫困人口在发展中的主体地位、赋权贫困人口、提升贫困人口参与度、强调民主化与规范化等方面。

2.2.3 赋权理论

赋权理论关注社会弱势群体所享有的个人权利和社会尊重。赋权理论是 Freire 在教育改革研究中首次提出的。随后这一理论被应用到了社区工作研究中，主要讨论如何对社区中黑人赋权。20 世纪 80 年代，赋权理论开始在多个领域推广应用，如社区管理、企业管理、贫困治理、女性贫困等，赋权理论研究也逐步细化。无论哪个领域，赋权理论的目标都是实现个人或集体的发展。赋权的本质在于驱动被赋权对象主动参与的能动性，提升他们对个人生活、社会关系的掌控，增强他们面对困难不退缩的意志力。实现赋权需要个体的自我觉醒，不但要有改变现状的决心，更要在行动层面提升改变现状的能力。有了精神层面的驱动和行动层面的实践，个体才能真正得到了赋权。如果个体有了赋权意识，但能力达不到实现目标的要求，就要向集体寻求帮助，当多数个体都为了共同的目标转向集体寻求合作的时候，就会出现集体层面规则的改变。因此，赋权是一个相对的概念，当一种行为被注入了个体的主动性时，就可以理解为赋权已经发生了作用。

从赋权视角来看，贫困是由于农民缺乏主动性、丧失控制力、缺少发展机会等而导致“无权”事实。从社会现实来看，贫困问题通常发生在外部环境恶劣、文明程度落后、教育水平偏低的地区，由于个体或集体自身能力的缺失，偏远地区的农户思想意识落后、信息获取能力差、与外部市场衔接不足，导致了农户“主动争取”权力存在种种阻力，又加深了农户“失权”的程度。

阿玛蒂亚·森第一次在反贫困研究中使用赋权理论，他认为个体贫困的根源是权力的丧失，如果一个人失去了拥有物质的权利，就有可能变得贫困。艾德曼按照赋权的形式，从自我赋权、团体赋权、组织赋权以及政治赋权几个方面来讨论赋权。这些赋权在我国精准扶贫的实践中都有体现。

（1）自我赋权。自我赋权是指贫困户个体的自我唤醒，他们有了改变自我的决心，想要摆脱贫困，追求更好的生活状态。我国深度贫困地区贫困的主要成因是社会文明程度低，贫困户脱贫内生动力不足。我国在精准扶贫中，注重“扶志”和“扶智”相结合，强调激发贫困户的内生动力，内生动力和自我赋权本质上是一致的。精准扶贫的多维帮扶手段就是通过多种方法激发贫困户的自我发展意识，通过多种形式唤醒贫困户自我发展的意识，通过培训、技术帮扶等手段提高农户技能水平，并帮助他们获取更多的社会资源。

（2）团体赋权。团体赋权是指团体成员通过互助协作共同发展。精准扶贫实践通过多种方式实现贫困农户的团体合作，基层治理方面，派遣驻村第一书记，和村干部一起解决村庄的贫困问题；产业发展层面，通过设立农民专业合作社发展村级产业，实现规模效应；工作就业方面，加强东西部协作，在县级层面组织贫困户劳动力的技能培训和劳务输出。

（3）组织赋权。组织赋权是指为个体赋予求助组织、依靠组织的机会。我国精准扶贫的帮扶主体涵盖了各类社会组织，企业对口帮扶为贫困群体提供了可信赖的组织。社会组织可以为贫困群体提供资金、技术、服务、市场机会等方面的帮扶，帮助贫困地区争取发展机会，利用自身在某个领域的发展力和影响力，推动扶贫项目落地，带动贫困群体发展。

（4）政治赋权。政治赋权是指让贫困群体享受国家的政策福利和保障制度。精准扶贫政策实施期间，国家通过最低生活保障、贫困户补贴、医疗保险、养老保险、教育补贴等各种形式保障贫困户的生存权利，实现了“两不愁三保障”。

赋权理论强调贫困户的主体地位，通过多种途径实现贫困户的全方位参与，并着力培养贫困户的发展能力。我国精准扶贫政策重视培育贫困户的内生发展能力和长效发展能力，强调帮助贫困户建立可持续生计，实现长效精准脱贫。

2.3 本章小结

本章阐述并界定了绝对贫困和相对贫困、贫困测度与识别、贫困治理、产业扶贫、农民专业合作社、异质性成员等基本概念，简述了可持续生计理论、参与式扶贫理论、赋权理论等基本理论，是全书的理论基础。

3　贫困户增收因果路径判断

本章基于理论分析，结合扶贫实践，选择武陵山区作为研究区域，采用分层随机抽样的方法抽取样本县、样本村和样本农户，并对数据进行预处理，为实证分析提供初始数据集。同时，从家庭人口学特征、社会经济特征和政策感知特征三个方面构建影响贫困户收入的指标集，基于现实因果关系，运用因果有向非循环图（C-DAGs）找出合作社增收的因果路径，筛选出初始变量集。需要说明的是，本章预处理后的数据集是本书所有实证部分的基础数据集，后续实证研究均在此数据集基础上展开分析。

3.1　样本描述

从样本区域选择、抽样方式等方面阐述数据来源，并对数据进行预处理。

3.1.1　样本区域选择

《中国农村扶贫开发纲要（2011—2020 年）》（以下简称《纲要》）提出，“到 2020 年，稳定实现扶贫对象不愁吃、不愁穿，保障其义务教育、基本医疗和住房”“……要把连片特困地区作为主战场，把稳定解决扶贫对象温饱、尽快实现脱贫致富作为首要任务……”《纲要》明确了 14 个连片特困地区，将 14 个连片特困地区作为扶贫攻坚主战场和全面建设小康社会的关键地区。其中，武陵山区集中连片特殊困难地区（以下简称“武陵山片区”）是我国贫困山区的典型代表。

地理区位上，《武陵山片区区域发展与扶贫攻坚规划（2011—2020 年）》（以下简称《规划》）依据连片特困地区划分标准及经济协作历史沿革划定武陵山片区，包括鄂、湘、渝、黔四省 71 个县（市、区），涵盖 37 个国家扶贫开发工作重点县（市、区）（表 3－1），包括湖北省 11 县

（市、区）、湖南省7县（市、区）、重庆市7县（市、区）、贵州省16县（市、区），总面积为17.18万平方千米。

贫困程度上，武陵山片区属于民族地区和跨省交界地区，区域内有9个世居民族，贫困程度较深。2011年武陵山区总人口为3 645万人，其中城镇人口853万人，农村人口2 792万人，农村贫困人口为793万人，贫困发生率为26.3%，区域整体性贫困与农村群体性贫困并存。

自然环境上，武陵山片区属于亚热带向暖温带过渡类型气候。武陵山山脉海拔1 000米左右，山区境内地形复杂，水能资源蕴藏量大，土地资源丰富，矿产资源品种多样，自然景观独特，人文资源富集，优势度强，极具开发潜力。

表3-1 武陵山区集中连片特困地区扶贫开发工作重点县名单

<table>
<tr><th>省（直辖市）</th><th>地区</th><th>贫困县（市、区）</th><th>数量（个）</th></tr>
<tr><td rowspan="2">湖北省（11个）</td><td>恩施土家族苗族自治州</td><td>恩施市、利川市、建始县、巴东县、宣恩县、咸丰县、来凤县、鹤峰县</td><td>8</td></tr>
<tr><td>宜昌市</td><td>秭归县、长阳土家族自治县、五峰土家族自治县</td><td>3</td></tr>
<tr><td>重庆市（4个）</td><td>重庆市</td><td>石柱土家族自治县、秀山土家族苗族自治县、酉阳土家族苗族自治县、彭水苗族土家族自治县</td><td>4</td></tr>
<tr><td rowspan="4">湖南省（11个）</td><td>邵阳市</td><td>城步苗族自治县</td><td>1</td></tr>
<tr><td>湘西土家族苗族自治州</td><td>泸溪县、凤凰县、保靖县、古丈县、永顺县、龙山县、花垣县</td><td>7</td></tr>
<tr><td>怀化市</td><td>麻阳苗族自治县、通道侗族自治县</td><td>2</td></tr>
<tr><td>张家界市</td><td>桑植县</td><td>1</td></tr>
<tr><td rowspan="2">贵州省（11个）</td><td>遵义市</td><td>正安县、道真仡佬族苗族自治县、务川仡佬族苗族自治县</td><td>3</td></tr>
<tr><td>铜仁市</td><td>江口县、石阡县、思南县、印江土家族苗族自治县、德江县、沿河土家族自治县、松桃苗族自治县、玉屏侗族自治县</td><td>8</td></tr>
</table>

资料来源：国务院扶贫办《全国连片特困地区贫困县名单（2012）》，各省政府工作报告。

区域发展上，在全国14个连片特困地区中，武陵山片区具有先行发展优势，片区四省市（湖北省、湖南省、贵州省、重庆市）都重视产业发展对贫困户的带动效应。2011—2015年，武陵山区共规划项目3 000个，规划投资1.8万亿元。国家近年来也在武陵山片区投入大量专项资金，发展扶贫产业项目，并推动中央管理企业（以下简称“央企”）对武陵山片区的贫困县开展对口帮扶。国务院国资委2019年投入央企贫困地区产业投资基金4.9亿元，在武陵山片区实施3个扶贫产业项目，推动11家央企结对帮扶19个片区县，投入帮扶资金1.28亿元扶持片区特色扶贫产业。

总的来说，武陵山片区是国家重点帮扶人口最多、面积最大的连片贫困区。武陵山片区是山水同源、文化同根、人民同志、经济同型的完整区域，是我国贫困山区的缩影。同时，武陵山片区的生态、文化、旅游等资源得到有效开发利用，特色产业蓬勃发展，区域特色产业体系不断优化，合作社发展总体较好，是中国式减贫方案的一个典型。研究武陵山片区合作社对于贫困户的增收效应，可以为我国解决贫困户收入长效增长问题提供理论支撑。

基于第2章的理论基础，本书研究目标为评估加入合作社对贫困户增收的影响效果。为了减少样本区域不平衡，更好地选择抽样县，首先用K均值聚类法对武陵山片区37个国家扶贫开发工作重点县2014年贫困发生率进行聚类分析，以此区分基期（2014年）抽样县的贫困状态[197]。结果表明：$F=97.579$，$Sig<0.001$，整体聚类效果较好；37个县聚类成四种贫困类型，不同贫困县（市、区）特征差异明确（表3-2）。

表3-2 武陵山片区扶贫开发工作重点县贫困水平分类及特征

类别	县（市、区）	数量（个）	聚类中心（%）	特征
Ⅰ类贫困	巴东县、咸丰县、鹤峰县、五峰土家族自治县、泸溪县、德江县	6	38.13	经济发展落后、产业基础薄弱、生态环境脆弱、贫困发生率高、贫困程度深、贫困人口多、贫困人口素质低且能力差
Ⅱ类贫困	恩施市、利川市、建始县、宣恩县、来凤县、长阳土家族自治县、城步苗族自治县、凤凰县、保靖县、古丈县、永顺县、龙山县、花垣县、务川仡佬族苗族自治县、石阡县、沿河土家族自治县	16	28.18	经济发展相对落后、产业基础相对薄弱、生态环境脆弱、贫困发生率高、贫困程度深、贫困人口能力较差

（续）

类别	县（市、区）	数量（个）	聚类中心（%）	特 征
Ⅲ类贫困	秭归县、彭水苗族土家族自治县、麻阳苗族自治县、通道侗族自治县、桑植县、正安县、道真仡佬族苗族自治县、江口县、思南县、印江土家族苗族自治县、松桃苗族自治县	11	22.91	经济发展相对落后、有一定的产业基础、生态环境相对脆弱、贫困发生率较高、贫困程度较深
Ⅳ类贫困	石柱土家族自治县、秀山土家族苗族自治县、酉阳土家族苗族自治县、玉屏侗族自治县	4	15.41	经济发展相对落后、产业基础相对较好、生态环境资源较好、贫困发生率较高

2013 年 7 月，我国首次设立产业扶贫改革试验区，当时产业扶贫还没有在全国范围内推广，支撑产业发展的农民专业合作社也刚刚开始发展。考虑到样本的普遍性，在时序期的选择上，将贫困户是否加入合作社的截面时间点定为 2014 年，这一年，大部分贫困地区都开始制定各类产业扶贫政策并大力发展村级产业（建立合作社）。最终数据时序期确定为 2014—2018 年，并补充了 2013 年的数据。基于此分类，就 2014—2018 年的产业发展状况与合作社建设状况同当地扶贫开发工作人员进行交流，进一步确认各个类别中的抽样县，最终选择基期贫困状态属于同一类别、产业扶贫项目发展较好的 7 个县为抽样县，分别为：Ⅰ类贫困中的五峰土家族自治县，Ⅱ类贫困中的来凤县、长阳土家族自治县和沿河土家族自治县，Ⅲ类贫困中的彭水苗族土家族自治县和麻阳苗族自治县，Ⅳ类贫困中的酉阳土家族苗族自治县。

所选样本县都有代表性的典型产业项目。如恩施州来凤县尚风寨蜜蜂养殖专业合作社瞄准武陵山区生态植被资源优势，大力发展中华蜜蜂养殖产业，历经 10 年的发展，建成了湖北省中华蜜蜂养殖重要的生产基地。长阳县把茶产业作为脱贫基础产业，发展茶产业合作社，通过举行茶文化节、召开全县茶产业发展座谈会，开启了茶旅、茶文化融合发展模式，树立了品牌。

3.1.2 抽样与数据采集

精准扶贫政策实施以来，国家建立了“全国扶贫开发信息系统”，采集贫困户信息，为贫困户“建档立卡”。建档立卡信息涵盖贫困户基本信息、家庭成员信息、贫困状态、脱贫年度、致贫原因、参与帮扶情况、收入情况、生产生活条件、帮扶责任人等与精准扶贫相关的各类信息。首先，以村为单位，由村干部、驻村第一书记通过走访到户收集基本数据，对数据进行核实后，填报到“全国扶贫开发信息系统”中；其次，数据由乡、县（市、区）、市（地、州）、省（市）层层上报汇总，最终形成国家级的数据库。国家通过建立扶贫开发信息系统，实现了贫困户数据全面公开，保证了识别“到户到人”的精准性。建档立卡数据覆盖面广、数据指标完善、信息准确度高，数据可信度强。本研究依托“全国扶贫开发信息系统”中汇集的建档立卡贫困户信息，在抽样县范围内，按照行政村、建档立卡贫困户进行分层随机抽样，选择样本贫困户。在理论与实践相结合的基础上，采纳扶贫一线工作人员的合理建议，遵循可使用、可获取的原则，确定调查的样本贫困户信息指标。

（1）行政村抽样。通过聚类分析所选取的 7 个抽样县共包括 1 768 个行政村（社区）。首先，排除在 2014 年还没有开展村级产业扶贫项目和村级产业发展较弱的行政村，确定行政村抽样总体为 354 个行政村（社区）（包括贫困村和非贫困村），如表 3－3 所示；其次，增加一个变量“村编码”来表征行政村（社区）的序号，此序号将对应各个村（社区）的序号，按照拟调查贫困村数量，采用简单随机抽样方法抽取行政村（社区）50 个（表 3－4）；最后，根据表 3－5 填写《行政村情况统计表》。

表 3－3　行政村情况统计表示例

序号	村编码	镇	村	是否为贫困村	户数（户）	人口数（人）	贫困人口数（人）
1	1	鞍子镇	鞍子社区	否	856	3 473	107
2	2	鞍子镇	大池社区	否	471	2 018	69
3	3	鞍子镇	大林村	是	340	1 418	76
4	4	鞍子镇	冯家村	是	465	1 565	58
5	5	鞍子镇	干田村	是	397	1 719	62
6	6	鞍子镇	何家村	否	383	1 749	49
7	7	鞍子镇	红星村	否	355	1 612	64
8	8	鞍子镇	金山村	否	539	2 024	46

（续）

序号	村编码	镇	村	是否为贫困村	户数（户）	人口数（人）	贫困人口数（人）
9	9	鞍子镇	罗家坨村	是	458	2 031	76
10	10	保家镇	大河坝村	否	1 922	4 940	98
11	11	保家镇	大堂村	否	655	1 769	115
12	12	保家镇	东流村	是	1 298	3 293	80
13	13	保家镇	龙河村	是	1 002	2 483	108
14	14	保家镇	鹿山社区	否	3 350	7 308	63
15	15	保家镇	青坪社区	否	2 023	5 073	146
16	16	保家镇	清水村	是	683	1 857	93
17	17	保家镇	三江村	否	927	2 821	50

表 3-4　随机抽样行政村统计表示例

序号	村编码	镇	村	是否为贫困村	户数（户）	人口数（人）	贫困人口数（人）
1	17	保家镇	三江村	否	927	2 821	50
2	18	保家镇	团堡村	否	1 206	2 884	108
3	40	靛水街道	前进村	否	468	1 832	33
4	49	高谷镇	陈家社区	否	529	3 125	107
5	54	高谷镇	狮子社区	否	993	5 446	138
6	69	汉葭街道	兴和村	是	615	2 257	47
7	70	汉葭街道	易家村	是	580	2 347	57
8	80	黄家镇	先锋社区	否	1 525	3 308	132
9	83	黄家镇	燕子村	否	274	980	67
10	91	连湖镇	回龙村	是	1 083	3 936	207
11	107	龙射镇	银木村	是	851	2 527	103
12	119	龙溪镇	黄岭村	否	518	2 103	105
13	126	芦塘乡	鞍子岭村	是	523	2 191	139
14	153	梅子垭镇	两河村	是	395	1 548	96
15	160	平安镇	长坪村	否	610	2 391	96
16	199	桑柘镇	李家社区	否	834	3 557	102
17	209	善感乡	周家寨村	否	298	1 180	101

表 3-5　行政村情况统计表示例

村编码	乡（镇）	行政村	农业户籍人口		建档立卡贫困人口		剩余建档立卡贫困人口		建档立卡贫困发生率（%）	距县城驾车时间（分钟）
			户数（户）	人数（人）	户数（户）	人数（人）	户数（户）	人数（人）		
1	AZZ	DLC	856	3 473	107	447	21	81	2.33	90
2	XMX	YCB	471	2 018	69	243	13	43	2.13	80
3	DXX	TDB	340	1 418	76	277	6	20	1.41	110

（2）建档立卡贫困户抽样。根据 50 个行政村的建档立卡信息，以所有建档立卡贫困户名单为抽样框，增加一个变量“户编码”来表征农户序号，此序号将对应各个村中农户花名册的序号，直接采用随机抽样方法抽选 900 户建档立卡贫困户名单，如表 3-6 所示。抽样名单确定后，根据设计的数据指标项采集农户信息 900 条。

表 3-6　随机抽样行政村抽样贫困户示例

第 1 个抽样村贫困户序号	村编码	镇	村	是否为贫困村	贫困人口数（人）	非贫困人口数（人）	家庭状态	村标签	户编码
1	17	保家镇	三江村	否	50	877	贫困	1	1
2	17	保家镇	三江村	否	50	877	贫困	1	2
3	17	保家镇	三江村	否	50	877	贫困	1	3
4	17	保家镇	三江村	否	50	877	贫困	1	5
5	17	保家镇	三江村	否	50	877	贫困	1	7
6	17	保家镇	三江村	否	50	877	贫困	1	8
7	17	保家镇	三江村	否	50	877	贫困	1	9
8	17	保家镇	三江村	否	50	877	贫困	1	10
9	17	保家镇	三江村	否	50	877	贫困	1	11
10	17	保家镇	三江村	否	50	877	贫困	1	15

（续）

第11个抽样村贫困户序号	村编码	镇	村	是否为贫困村	贫困人口数（人）	非贫困人口数（人）	家庭状态	村标签	户编码
37	107	龙射镇	银木村	是	103	748	贫困	11	49
38	107	龙射镇	银木村	是	103	748	贫困	11	50
39	107	龙射镇	银木村	是	103	748	贫困	11	51
40	107	龙射镇	银木村	是	103	748	贫困	11	52
41	107	龙射镇	银木村	是	103	748	贫困	11	53
42	107	龙射镇	银木村	是	103	748	贫困	11	55
43	107	龙射镇	银木村	是	103	748	贫困	11	56
44	107	龙射镇	银木村	是	103	748	贫困	11	57
45	107	龙射镇	银木村	是	103	748	贫困	11	58
46	107	龙射镇	银木村	是	103	748	贫困	11	59

依托“国家扶贫开发信息系统”，结合理论基础和对扶贫一线工作人员的访谈，遵循可使用、可获取的原则，确定调查的贫困户信息指标。调查的数据指标包含基本信息、家庭劳动力状况、贷款状况、保险状况、生产生活状况、易地搬迁状况、收入状况、帮扶状况八大类共54项，如表3-7所示。所有指标均涵盖2013—2018年的多期数据。其中，家庭收入是由四类分项收入加总而成。据调研，贫困户的工资性收入多来自外出打工、本地务工、合作社就业等；生产经营性收入主要来自农业生产经营收入、家庭作坊式生产经营收入；转移性收入主要来自国家的转移支付补贴，如养老金、低保金、生育津贴等，还有少部分来自捐赠；财产性收入主要来自以土地入股合作社后的分红收益[198]。

3.1.3　数据预处理

在开始数据分析之前，首先对原始数据进行预处理。原始数据异常值主要包括缺失值、重复值、矛盾值和离群值。

（1）缺失值的处理。缺失值是指属性值为空。经过筛查，原始数据中

表 3-7 抽取建档立卡贫困户信息统计指标

建档立卡贫困户信息指标						
基本信息	户编号	保险状况	是否享受农村居民最低生活保障	易地搬迁状况	是否易地搬迁户	
	户主姓名		是否享受人身意外保险补贴		搬迁方式	
	是否脱贫		是否享受商业补充医疗保险		安置方式	
	脱贫时间		是否享受基本养老保险		安置地	
	民族		是否享受基本医疗保险		搬迁困难	
	户主政治面貌		是否享受大病保险	收入状况	工资性收入	
	户主文化程度		是否享受农房保险		生产经营性收入	
	主要致贫原因		是否享受其他国家政策		转移性收入	计划生育金
家庭劳动力状况	该户人口数	生产生活状况	耕地面积			低保金
	劳动力个数		林地面积			特困供养金
	劳动力最高学历		是否通生产用电			养老保险金
	外出务工人数		是否通广播电视			生态补偿金
	家庭在校生个数		距村主干道路距离（千米）			其他转移性收入
	在校生状况（年级）		入户路类型		财产性收入	资产收入
贷款状况	是否获得贷款		住房面积			其他财产性收入
	获得时间		饮水是否安全	帮扶状况	是否加入合作社	
	获得金额		有无卫生厕所		加入合作社时间	
	贷款时长		主要燃料类型		参与其他帮扶类型	

共有 35 条缺失数据，其中有 29 条数据缺失值大于 80%，经核查，这些缺失的指标是由于系统填报错误导致的，由于缺失值比例较大，将此 29 条数据删去。剩余 6 条数据指标的缺失比例小于 5%，采用期望最大化法（Expectation Maximization，EM）估计缺失值的期望值。

（2）重复值的处理。重复值是指在数据集中出现多次的数据，原始数据中共有 8 条重复数据，比对抽样名单后确认这 8 条重复数据是由数据重复登记所致，故删除。

（3）矛盾值的处理。矛盾值是指前后不一致的数据，或者数据与事实不符。对数据进行核查发现，存在 10 条矛盾数据，主要表现在收入异常方面。如有的家庭连续五年人均收入在一万元以上，却还没有脱贫；有的家庭脱贫前人均收入在一万元以上，脱贫后人均收入反而下降到四千元左右；有的家庭收入过低，脱贫后人均年收入只有 900 元。通过对扶贫工作进行访谈获知，这些异常是由于前期核算收入错误导致的。考虑到收入这项指标的重要性，删除这 10 条错误数据。

数据预处理后最终共取得 853 条有效入户数据。样本覆盖湖北、湖南、重庆、贵州四省（市），较为全面地代表了武陵山片区产业扶贫和合作社发展概况。基本保证抽样村全部为拥有农民专业合作社的行政村，能够构成政策参与强度具有显著差异的“加入合作社样本组”与“未加入合作社样本组”。通过比较不同样本组收入增长结果的差异性，评估合作社对贫困户的实际增收作用。

3.2 贫困户增收因果路径判断

基于理论研究，梳理合作社与贫困户收入之间的因果关系，绘制因果有向非循环图，判断贫困户收入增长路径，选择初始变量集。

3.2.1 Pearl 的因果图

使用随机对照试验（RCT）的研究人员通常对辅助变量进行分组或条件分组，这些辅助变量不是随机处理变量。在随机实验中，辅助变量被称为控制变量或协变量，设计和实施随机对照试验对研究人员和受试者来说都是昂贵的，因此，从随机对照试验数据中获得更大的价值是很重要的。研究人员不仅要测量平均处理效果（ATE），而且还要找到更细微的关于潜在理论机制的见解，并归纳推论。但是，在随机对照试验中如何找到合适的辅助变量并不容易，部分关系隐含在数据中，无法被明确辨认出来。因此，在因果分析中，一个能准确反映数据生成过程的因果图是至关重要的。

Pearl[199] 的因果有向非循环图（Causal Directed Acyclic Graphs，C-DAGs）用一个箭头表示变量之间的因果关系，并使用有向无环图（DAG）的形式进行因果推断，每个因果箭头都有一个方向，并且没有循环。C-DAGs 已经越来越多地在经济学、信息系统、管理学、流行病学和生物统计学等学术领域中使用。例如，White、Lu[200] 用因果图选择协变量用于处理效应估计，认为因果图有效性较好。Heckman、Pinto[201] 认为经济计量的中介分析中，在存在未测变量或遗漏变量的情况下估计处理效应时，可以使用因果图。Imbens[202]认为可以在计算潜在结果时运用因果关系有向无环图方法，并探讨了该方法在经济学实证实践中的应用。

在经济学、流行病学、管理学、政治学、信息系统等领域的实验研究中，通常会在设置一组协变量条件下运行回归模型或 ANCOVA 模型，估计亚组的 ATE，并在结果中报告包含不同协变量子集的多个模型各自的整体处理效果。Imbens、Rubin[203]还讨论了设计包含协变量和控制变量之间相互作用项的模型。Kahan 等[204]认为，在不同协变量条件下，可以计算感兴趣的特性亚组的 ATE，有助于揭示潜在的调节（相互作用）机制或中介效应，或者从统计学角度提高估计精度。但现有文献中，较少有指导我们如何系统利用协变量信息的文献。Hernán[205]认为单纯依靠统计标准来确定是否以协变量为条件的方法并不完善。如 Deaton、Cartwright[206]所述，“如果试验是有用的，我们需要用审视的目光精心构建实验使用途径”，不能只关注如何获得无偏的整体处理效果，并以此为目的来设计协变量集合，而要关注如何进行理论构建，基于事实的因果关系设计模型，并将实验结果推广到狭义的实验环境之外。

Pearl[207]的因果关系框架能够编码一组相对精确和狭窄的理论主张，使变量联系起来，恰当利用协变量信息来正确识别亚组特定效应、因果中介、中间效应以及其他的理论见解，使我们能够更深入地了解理论机制。

（1）因果关系图能够为研究提供概念上的帮助，使我们更精确地理解协变量在特定因果路径中的作用，从而消除中间变量之间的循环，并分析理论上感兴趣的因果链上的中间效应。

（2）因果关系图使得在一项研究的全套可用协变量中，更容易找到足以识别的变量子集，以及其中最方便和最适合测量和纳入模型的变量子集。有助于阐明协变量是否可以被控制、应该或不应该被控制。

（3）随机试验会存在不完全随机化、不合规性和干扰（泄漏）等问题，因果图可以清楚地看出哪些因果关系受到复杂因素的影响，哪些变量包含了应以其为条件的信息，可以依据因果图调节该变量以调整选择偏差。因果关系图有助于了解处理前和处理后协变量与主要变量和研究结果相关的因果结构，有助于清楚地说明如何使用这些变量来更好地评估随机对照试验的设计，解释其结果，并理解其含义，将因果效应估计从严格限定的 RCT 环境扩展到观察环境中。

需要注意的是，因果图更多的是表达因果逻辑，并不代表真实世界的数据。因此，本书将 Pearl 的因果框架作为概念工具，与计量经济学和统计学工具库一起使用，以更好地利用协变量来深入了解潜在的理论机制。

3.2.2 相关术语和路径类型

(1) 变量概念。 C-DAGs 中的节点表示变量。实心圆表示观察到的变量，空心圆（或标有 U 的圆）表示未观察到的变量。在随机对照试验中，有代表治疗变量（原因）的节点，代表结果变量（效果）的节点，以及代表辅助变量的节点。辅助变量可以是不同的类型，这取决于指向它们的箭头，以及它们相对于因果的位置。图 3-1 描述的是三个简单示例，其中 X 是治疗变量，Y 是结果变量。

①中介变量。如图 3-1a 所示，Z_1 是一个链节点，箭头的方向表示因果关系的方向，它有一个传入箭头，表示它直接受 X 的影响，还有一个传出箭头，表示它直接影响 Y。Z_1 被称为中介变量。

②协变量。如图 3-1a 所示，Z_2 是一个分叉节点，因为它有两个向外的箭头，一个箭头表示 Z_2 对 X 的因果影响，另一个箭头表示对 Y 的因果影响。表示它既影响 X，也影响 Y。Z_1 被称为协变量。应该注意的是，如大多数随机对照试验所示，对治疗变量的随机干预，具有去除进入 X 的箭头的效果，即无论 Z_2 是否有指向 X 的箭头，使用 Z_2 作为协变量都是合适的。

③对撞节点。图 3-1b 显示了对撞节点 Z_3。对撞节点是指有两个或更多传入箭头的节点；被对撞节点分开意味着 X 和 Y 在因果上（在统计上）是独立的。但是，当条件作用于 Z_3 时，这两个变量在统计上是相互依赖的。由于选择偏差，这种特殊的情况可能表现为 Berkson 悖论[208] 或 Simpson 悖论[209][199]。当对撞机 Z_3 进行分层或调节时，即使 X 对 Y 的真实影响不存在，治疗变量（X）对结果变量（Y）的虚假影响也可能出现。

④预处理变量（处理前变量）。是指样本在随机分配之前被观察到的特征，它们在样本分配之前就已经存在，不受随机分配影响的变量。图 3-1c 中的 Z_4 是预处理变量。

⑤后处理变量（处理后变量）。是指样本在干预后测量到的特征，它们可能受到实验结果的影响。图 3-1c 中的 Z_3 是后处理变量。

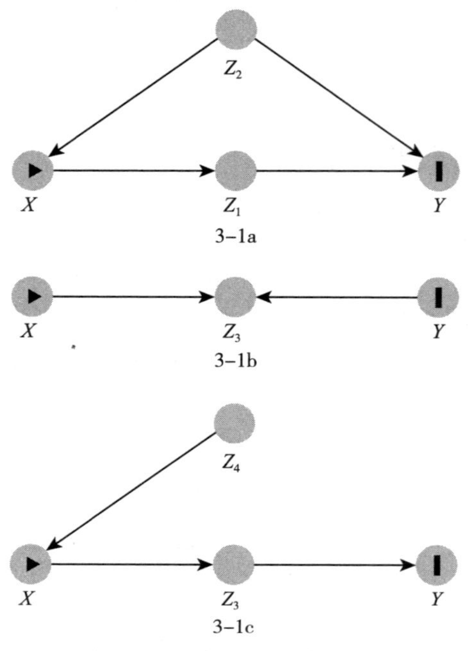

图 3-1 因果变量与路径类型

（2）路径类型。根据路径箭头的方向，因果关系图可分为几种不同的路径。

①因果路径：从变量 X 到另一个变量 Y 的因果路径（或有向路径）是一条完全按照因果图中箭头的方向从 X 到 Y 的路径。换句话说，如果可以沿着箭头从 X 到 Y，在路径上穿过的每个节点都是一个链节点，箭头指向同一个方向，那么我们说从 X 到 Y 有一条因果路径。例如，在图 3-1a 中的链节点 $X \to Z_1 \to Y$ 中，从 X 到 Y 经过 Z_1 的路径就是一条因果路径。相比之下，在图 3-1b 中没有从 X 到 Y 的因果路径。

②伪路径：从 X 到 Y 的伪路径（或后门路径）包含一个指向 X 的箭头，从 X 到 Y 的路径中的其他箭头可以沿着箭头的方向或逆箭头的方向穿过。例如，图 3-1a 中从 X 到 Y 通过节点 Z_2 的路径是伪路径。后门路径隔绝了我们不感兴趣的因果关系，只留下感兴趣的因果路径。但后门路径涉及的变量不一定是可观测的，如果存在分叉节点，如 Z_2，需要通过前门路径来筛选变量。

③前门路径（FDP）：图 3-1a 中的观测数据环境中可能出现前门路

径模型兼容。如果 Z_1 截断了从 X 到 Y 的所有正向路径、没有从 X 到 Z_1 的后门路径，且从 Z_1 到 Y 的所有后门路径都被 X 截断了，则认为 Z_1 是符合前门标准的变量，该模型代表了 Pearl[210] 的一个重要贡献。图 3－1a 中的 Z_1 就是符合前门标准的变量。

在进行路径选择时，每种分析方法都需要有基于理论知识的因果结构。关键是避开伪路径，保持从原因到结果的所有因果关系不受干扰，对撞节点不能纳入协变量集合中（表 3－8）。

表 3－8 因果路径选择的指导原则

指导原则	相应的做法
阻断所有从原因到结果的伪路径	在每个伪路径中，至少有一个控制变量不是该伪路径中的对撞节点
保持从原因到结果的所有因果关系不受干扰	事件的后代不能成为协变量，但可用于分析中介（效应）、实施前门调节、调整样本选择效果的实际外延
不要创建新的伪路径	不能在对撞节点或其任何后代上设置条件（成为辅助变量），以解除伪路径上对撞节点的阻塞

3.2.3 因果路径与变量选择

（1）变量节点设置。收入达标是贫困人口脱贫的首要标准，建档立卡贫困户家庭人均年收入稳定超过扶贫标准即为达标。本研究关注贫困户的收入，把收入作为衡量减贫成效的直接指标，主要研究目标是探究贫困户加入合作社后的收入增长效果，因此，设置结果变量为“2018 年农户人均家庭年收入”，设置处理变量为农户“是否加入合作社”。

在分析贫困户收入的影响因素时，除了分析“是否加入合作社”这一变量，还可以观测到影响收入水平的其他个体特征以及个体是否加入合作社这一行为。分析影响贫困户收入的因素时，除了分析“是否加入合作社”（Di）这一变量，还可以观测到个体 i 的其他特征影响个体选择是否加入合作社这一行为和收入水平。如受教育程度较高的户主，本身就可能有较高的收入水平，也有较高的可能选择加入合作社。

现有研究主要从内部环境和外部环境出发来解释农户行为选择和收入的影响因素[211][212]。内部环境主要是从家庭特征层面来分析，包括家庭人口学特征和家庭社会经济特征，外部环境包括合作社特征和市场特征（表3-9）。家庭人口学特征主要包括户主年龄、受教育程度、是否为村委干部、家庭人口规模、家庭劳动力状况、家庭信息获取能力、家庭认知能力等；家庭社会经济特征主要包括家庭收入、资金约束、家庭农机状况、经营规模、农产品结构、家庭社会资本、距主干道距离等；合作社特征包括合作社绩效水平、合作社享受政策程度、合作社服务水平等；市场特征包括农产品市场成熟度、经销商状况、市场公平性、农产品市场风险、地区经济发展水平等。

表3-9 农户行为和收入的影响因素

维度	指标	研究学者
家庭人口学特征	户主年龄	孙亚范、余海鹏，2012[213]；蔡荣等，2015[214]；张高亮等，2015[215]；Chagwiza 等，2016[216]；冯娟娟、霍学喜，2017[91]；韦惠兰、赵龙，2018[217]
	受教育程度	蔡荣等，2015[214]；Wossen 等，2017[218]；韦惠兰和赵龙，2018[217]
	是否为村委干部（政府官员）	Abebaw 等，2013[46]；冯娟娟、霍学喜，2017[91]
	家庭人口规模	Chagwiza 等，2016[216]；Wossen 等，2017[218]
	家庭劳动力状况	孙亚范、余海鹏，2012[213]；蔡荣等，2015[214]；Chagwiza 等，2016[216]；冯娟娟、霍学喜，2017[91]；
	家庭信息获取能力	Fischer 等，2012[211]
	家庭认知能力	孙亚范、余海鹏，2012[213]；赵想、张明，2018[219]
家庭社会经济特征	家庭收入	Kumar 等，2018[178]
	资金约束	Abebaw 等，2013[46]；蔡荣等，2015[214]；韦惠兰和赵龙，2018[217]；Fischer 等，2012[211]
	家庭农机状况	Fischer 等，2012[211]
	经营规模（耕地规模、林地规模）	孙亚范、余海鹏，2012[213]；蔡荣等，2015[214]；Chagwiza 等，2016[220]；Mojo 等，2017[212]；Wossen 等，2017[218]；Ma 等，2018[221]
	农产品结构	Kumar 等，2018[178]
	家庭社会资本	Mojo 等，2017[212]
	距村主干道距离	蔡荣等，2015[214]；Chagwiza 等，2016[216]；Mojo 等，2017[212]

（续）

维度	指标	研究学者
合作社特征	合作社绩效水平	韦惠兰、赵龙，2018[217]
	合作社享受政策程度	韦惠兰、赵龙，2018[217]
	合作社服务水平	冯娟娟、霍学喜，2017[91]；赵想、张明，2018[219]
市场特征	农产品市场成熟度	郭红东、蒋文华，2004[222]
	经销商状况	Wossen 等，2017[218]
	市场公平性	蔡荣等，2015[214]
	农产品市场风险	孙亚范、余海鹏，2012[213]
	地区经济发展水平	郭红东、蒋文华，2004[222]；Mojo 等，2017[212]

Ward[223]、Mojo[212]、Dhahri 和 Omri[224]等学者从人口学、民族学等角度出发，关注农户家庭和社会心理状况的影响，如家庭内隐偏好、社会支持、政策信任等。Kahsay[225]得出结论，心理安全越可靠，家庭就越愿意参与政策以获得更大的经济利益。Lingel[226]认为在种族多样的贫困家庭中，各种政策矛盾和合作成员结构具有高度异质性，这意味着异质性的政策认知可能是一个重要影响因素。

舒尔茨的“理性小农”假设认为，理性小农行为的出发点是利益最大化，收入能否提高、生活能否得到改善是他们评判项目效果的最直接标准。只有农户确信参与项目后的预期收益能够大于当前收益时，才会产生行动的需求和意愿。在我国农村，不同贫困户群体对于国家政策的反应存在差异：部分贫困农户对于政策认知不足，把对自己现实生活的不满转化为对基层党组织的不满，往往体现为消极对抗的行为表现；多数贫困户则仍对基层党组织保持信任，愿意了解和学习国家政策，希望能够在政策的帮助下尽快脱贫致富。调查显示，武陵山区多数贫困户并没有深入地了解当地的扶贫政策，贫困户获得相关信息的主要途径是政府的宣传推广，因此，贫困户对于政府和政策的信任程度在一定程度上影响着农户参与政策的意愿。

基于调研材料和理论基础，本书从家庭的人口学特征、社会经济特征和政策感知特征三个方面构建协变量集，其中家庭人口学特征包括家庭人口数、民族、家庭最高学历、劳动力个数、外出打工人数、家庭成员健康状况等；社会经济特征包括人均林地面积、人均耕地面积、距村主干道距离、2014 年人均家庭收入等；政策感知特征包括政策信任度、政策满意度、与村干部亲近度、是否享受过其他政策等。

（2）因果路径选择。本书通过绘制因果有向非循环图来判断因果路径，并进行变量初筛。可以使用免费的、开源的在线工具“dagitty. net”或 R 语言来创建 C-DAGs[227]。本书使用在线工具“dagitty. net”来创建图表，步骤如下：

①设置处理变量节点和结果变量节点。

②添加测量的预处理变量节点。本研究的预处理变量包含既影响 X 也影响 Y 的变量，和只影响 Y 的多个变量。

③添加潜在的中介变量节点。从理论上讲，这些变量是从处理（作用）到结果的因果路径（即定向路径）。

④添加未测量（即未观察到的）变量节点，这些变量可能位于从任何节点到结果的伪路径上。

如图 3-2 所示，处理变量为“是否参与产业帮扶”，结果变量为“2018 年人均家庭收入”，预处理变量为“民族”“是否享受过其他政策”“距村主干道距离”“家庭最高学历”“人均耕地面积”“人均林地面积”“家庭人口数”“家庭成员健康状况”“劳动力个数”，中介变量为“外出打工人数”，未测量变量为“政策信任度”“政策满意度”“与村干部亲近度”。

经过计算（软件输出结果），得出估计加入合作社对 2018 年人均家庭

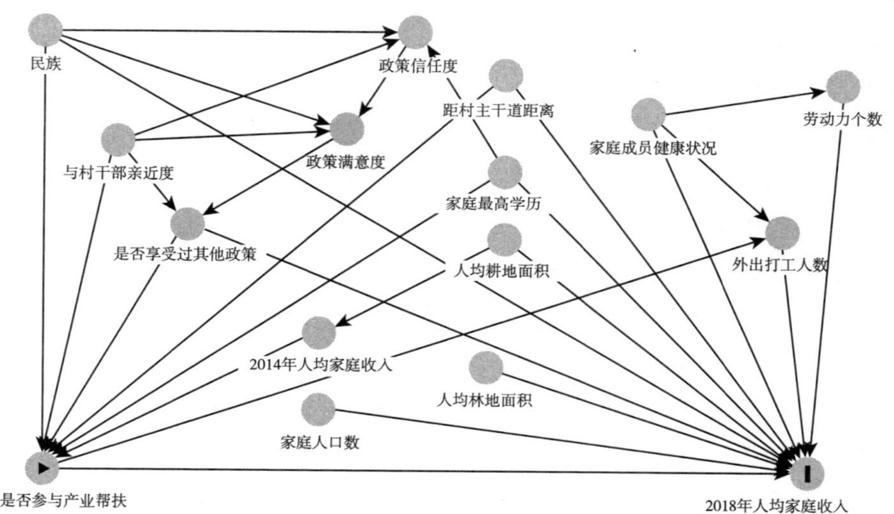

图 3-2　产业帮扶政策减贫效果因果图

收入的直接效应的最小充分协变量集合，分为变量集 1 和变量集 2。最小充分协变量集是指这些变量已经涵盖了从 X 到 Y 的最小直接因果路径。变量 1 包括民族、家庭最高学历、外出打工人数、家庭成员健康状况、人均耕地面积、距村主干道距离、是否享受过其他政策；变量集 2 包括民族、家庭最高学历、人均耕地面积、外出打工人数、劳动力个数、距村主干道距离、是否享受过其他政策。变量集 1 和变量集 2 为后续展开实证分析的初始变量集。

3.3 本章小结

本章主要对样本数据进行描述，并通过判断贫困户增收的因果路径来确定初始变量集。首先采用聚类的方法对武陵山区的贫困县进行分类，根据不同的贫困类型抽取样本县，在样本县采用随机抽取的方法抽取样本数据，并对数据进行预处理。然后基于调研材料和理论基础，从家庭的人口学特征、社会经济特征和政策感知特征三个方面构建协变量。最后通过有向非循环图（C-DAGs）的路径选择找出基于现实因果关系的影响路径和影响因素。因果有向非循环图确定了两个初始变量集。社会学领域的研究要重视数据的真实性或可靠性。本研究的数据获取、数据处理等过程都严格遵循科学原则，为后文开展实证研究奠定了真实、可操作的数据基础。

4 贫困户行为选择与合作社增收效应分析

实地调研和文献研究发现，并不是所有的贫困户都加入了合作社，加入合作社的贫困户存在“主动参与”和“被动参与”的区别，农户异质性使得是否加入合作社这一行为存在自选择偏差，导致样本数据并不满足随机分组条件，不能直接比较“加入合作社”和“未加入合作社”两组贫困户的收入增长差异。同时，政策实施的时间效应也会对合作社增收效果的评价产生影响。除此之外，由于贫困户加入合作社或不加入合作社是既定事实，因果推断能够评估合作社对社员贫困户的增收作用，却无法探测出对非社员贫困户的收入影响，要考虑如何进行反事实结果推断。

基于对“哪些因素影响贫困户加入合作社”“合作社的贫困户收入增长效应如何”“社员如果不加入合作社收入会发生什么变化”“非社员如果加入合作社收入会发生什么变化”这几个问题的思考，本章重点关注如何排除评价合作社增收效应的干扰因素。在准自然实验思路下，运用 Logit 模型估计贫困户加入合作社的行为倾向影响因素及倾向得分，构建“加入合作社组”与“未加入合作社组”匹配样本组来消除样本自选择偏差；运用 PSM-DID 模型消除时间效应和遗漏变量偏误，评估合作社的净增收效应；运用 PSM-ESR 模型消除不可测变量的估计变差，推断出反事实结果，并证实结果的鲁棒性。

4.1 异质性视角下合作社增收效应的分析框架

在进行政策评价时，首先要区分两种不同类型：第一类是旨在确定政策实施过程是否按计划实施的过程评估；第二类是衡量该政策是否成功实现目标的总结性评估[98]。对合作社增收效应的评价属于总结性评估，本质上研究的是个体如何被一个计划或政策改变的。同时，要全面地评估这一效果，需要知道如果个体不参加该方案，他们的结果会是什么，以及这与实际观察到的结果有何不同，而两种结果的差异源于该方案的影响。现实中无法观察到反事实的结果，必须设计一种能够估计反事实结果的方法。

本章研究加入合作社对贫困户收入的影响，需考虑以下几个问题。

第一，模型估计结果是否存在“选择偏差”。Matchay、Perotin[228]，Sebhatu[229]认为不同群体在行为和认知方面必然存在差异。贫困户是否加入合作社是自我选择的结果，这一行为并非随机发生，会受到自身、家庭、环境等可观测因素的影响，同时也会存在某些不可测的因素既影响贫困户的行为选择又影响贫困户的收入，即存在样本的自选择偏差和内生性问题，这有可能导致模型估计出现偏误。

第二，模型能否估计出“反事实”结果。研究能够观测到既定事实，即合作社对于社员贫困户收入的影响，却无法观测社员贫困户未加入合作社时的收入状况，也无法观测到非社员贫困户加入合作社后的收入状况，即无法得知“反事实”的情况。由于“反事实”数据的缺失，所选样本具有非随机性，无法进行无偏估计。

第三，是否能够探测出群体异质性。由于存在不可观测的异质性，即使贫困户的个人、家庭、环境等条件都相同，不同的贫困户仍有可能做出不同的行为选择并获取不同的收入，即使在相同的行为选择下（加入合作社），不同的投入产出也会导致收入增长存在差异。

Rosenbaum、Rubin[101]为了解决样本选择偏差，先使用倾向得分法对样本进行匹配，然后再进行效果评估。倾向得分匹配（PSM）的核心观点是将“加入合作社”和“不加入合作社”的选择置于随机状态，然后对加入合作社的“处理组”贫困户与未加入合作社的“对照组”贫困户进行收入比较。倾向得分匹配后，加入合作社和未加入合作社贫困户的配对样本就满足随机分布，加入合作社与收入之间的因果关系也就成立了。PSM方法舍弃了不匹配的样本，以匹配样本进行效应估计，相较于以完全样本（不匹配）为基础进行效应估计的回归方法来说，偏差更小，稳健性更好。在控制变量的选择上，标准回归方法优先考虑影响结果变量（收入效应）的外在因素，PSM 方法期望找到“同时”影响结果变量（收入效应）和处理变量（是否加入合作社）的因素。倾向得分法可用于匹配处理组和对照组，并计算共同支撑区域内处理组和匹配对照组的处理效应。

PSM是依可测变量进行的估计，如果观测数据存在依不可测变量的选择，考虑在匹配后使用双重差分估计（DID）来消除时间效应。双重差分估计最早由Ashenfelter[230]引入经济学、管理学领域，该方法的核心思想是：把两期数据的样本分为处理组和对照组，第一期的样本均未受到政策冲击，政策开始实施时，处理组参与政策，而对照组没有参与政策；第二期是政策实施后的结果，计算出处理组和对照组某个相同指标在政策冲击前后的变化量，再计算两个变化量的差值，最终得到的差值即为倍差值，是消除了时间效益后政策的组间差异。DID能够通过固定效应控制不可测且不随时间变化的组间差异，缓解遗漏变量偏误问题，在较大程度上减少内生性。

将PSM模型与DID模型相结合，能够同时有效地减少贫困户自我选择偏差和内生性问题，在估计政策效果方面较为稳健[231][232]，匹配抽样大大减少了观测协变量的差异，基于模型的调整可以进一步控制剩余差异。同时，匹配抽样放宽了DID识别限制，降低了模型调整的敏感程度，简化了对处理组平均处理效果的参数近似估计[233][234]。

还存在未观测到的农户异质性问题，即使是同等受教育水平、同等家庭特征，农户仍有可能根据某种原因作出不同的选择，导致收入产生差异。同时，我们可以观测到贫困户加入合作社后的水平，却无法同时观测到该贫困户加入合作社与不加入合作社的收入水平，即“反事实缺失”问题。内生转换模型（ESR）同时关注加入合作社和不加入合作社两种状态下的情况，然后推演两者的关系，强调内生性是因为选择方程会同时受到社员贫困户的收入状况和非社员贫困户的收入状况的影响。ESR核心观点是：假设是否加入合作社是受农户获得收入多少所影响的内生性选择，可能存在一些影响农户是否选择加入合作社的未观测到的特征，这些未观测到的特征也可能影响农户加入合作社后所获得的收入，即如果未加入合作社的农户加入了合作社，未观测到的特征对这些农户收入的影响和对原本就加入合作社的农户收入的影响存在差异性，反之亦然。

ESR模型能够通过两阶段最小二乘法或最大似然估计得到，但这两种方法有可能降低模型估计参数的有效性，需要很烦琐的调整来得到一致的标准误。完全信息极大似然估计的方法能够同时估计二分类选择方程和连续部分的方程，获得一致的标准误，前提是二分类选择方程与连续部分方程中误差项的联合符合正态分布。这种分析方法步骤相对简单明了，参数估计有效性较高。因此，本书采用完全信息极大似然估计的方法来构建ESR模型。

本章运用Logit回归分析贫困户的行为选择，运用PSM-DID模型评估合作社对贫困户的增收作用，运用PSM-ESR模型推断反事实结果并验证PSM-DID模型计算结果的鲁棒性。

4.2 合作社增收效应估计模型与方法

4.2.1 倾向得分匹配模型与假设

为了满足随机实验的条件，PSM要满足三种假设：条件独立性假设，即控制 $p(Z_i)$ 后，贫困户家庭总收入变量独立于加入合作社行为选择变量；共同支撑或重叠假设，即处理组和对照组样本的概率分布要有较大重合；平衡性假设，即处理组和对照组的协变量差异在匹配后消除。

进行倾向得分匹配时：

第一，采用对数似然函数选择匹配的协变量 X。选择协变量 X 时，应尽量涵盖可能影响 y 与 D 的相关变量，这样才能满足可忽略性假设。在可忽略性假定成立的前提下，给定 $p(x)$，(y_{0i}，y_{1i}) 独立于 D 。

第二，使用Logit回归模型对农户是否加入合作社进行回归估计（加入合作社=1，未加入合作社=0）。确定协变量集 X 后，计算贫困户 i 选择加入合作社的条件概率，即贫困户个体 i 加入合作社的倾向得分。

第三，根据计算的倾向得分匹配样本。选择合适的匹配方法，基于倾向得分匹配处理组（加入合作社）和对照组（未加入合作社），使得 x_i 在匹配后的两个组别之间分布均匀。处理组均值$\overline{x_{treat}}$与对照组均值$\overline{x_{contrl}}$的差距与计量单位有关，一般计算标准化差距或标准化偏差，标准化偏差一般不超过10%。

考虑到匹配结果的稳健性，本书运用四临近匹配（four-nearest neighbor matching）、核匹配（kernel matching）、半径匹配（radius matc-hing）和卡尺内最近邻匹配（nearest-neighbor within caliper matching）四种匹配方法进行估计，比较不同匹配方法的结果是否相似。四临近匹配

是寻找倾向得分最近的四个不同组个体进行匹配；半径匹配是通过限制倾向得分的绝对距离（卡尺，$|p_i - p_j| \leqslant \varepsilon$）进行匹配，$\varepsilon$ 取小于倾向得分样本标准差25%的值；卡尺内最临近匹配是在给定的卡尺 ε 范围内寻找最临近匹配，ε 同样为小于倾向得分样本标准差25%的值；核匹配是用核函数计算不同个体距离的权重 $\omega(i, j)$，然后进行整体匹配，每个个体的匹配结果是不同组去掉共同支撑区域部分的全部个体。由于样本数量不算特别大，采用有放回匹配的方法。

第四，根据匹配后样本，估计出平均处理效应 ATT[235]。

第五，平衡性检验。匹配后要进行平衡性检验，检测两个组别协变量差异是否有效消除，并以此判定匹配结果的有效性，即对照组是反事实的[235]。在进行平衡性检验时，通常比较匹配前后的 $Pseudo\ R^2$ 和似然比检验的 p 值，$Pseudo\ R^2$ 值越小、p 值越大（越不显著）时，认为处理组和对照组协变量差异有效消除，匹配结果是有效的[236]。

4.2.2 双重差分模型与假设

在观察研究中，政策实施后要经过一段时间效果才能显现出来，我们想要探测的是农户的收入在政策实施前后的变化，因此考虑两期面板数据，基于匹配结果进行双重差分估计。

与PSM估计相同，农户样本分为加入合作社的处理组和未加入合作社的对照组，利用DID方法计算两个组别贫困户在政策实施前后收入的变化量，以及两个变化量的差值。双重差分的基准回归模型如公式（4-1）所示。

$$y_{it} = \alpha_0 + \beta_t \cdot YEAR_t \cdot TREAT_i + \delta_t \cdot YEAR_i + f_i \cdot TREAT_i + \gamma \cdot Z_{it} + \varepsilon_{it} \quad (4-1)$$

其中，y_{it} 是结果变量，为农户的人均家庭年收入；$TREAT_i$ 为组别虚拟变量，$TREAT_i=1$ 表示是处理组，否则为对照组，$TREAT_i$ 是处理组与对照组本身的差异，即使不进行实验，也存在此差异；$YEAR_t$ 为“处理”时间虚拟变量，$YEAR_t=1$ 表示“处理后”，$YEAR_t=0$ 表示“处理前”，$YEAR_t$ 是参与政策前后两期本身的差异，即使不进行实验，也存在此时间趋势。交互项 $YEAR_t \cdot TREAT_i$ 是 t 时期样本组个体 i 是否是处理组的虚拟变量，这一项度量处理组的政策效应，系数 β_t 的估计量 $\hat{\beta}_t$ 是双重差分估计量，也是我们最关心的系数。Z_{it} 是协变量集，ε_{it} 是随机扰动项。

使用双重差分方法进行估计需要满足两个假设，一是随机性假设，二是同质性假设。随机性假设要求在自然实验或准实验条件下，能够通过随机化的方式消除潜在因素的影响，即 $E(\varepsilon \mid x_{it}, Z_{it})=0(x=TREAT \cdot YEAR)$，由于数据集是倾向得分匹配的结果，匹配出的两个对照组可以被视为是随机的，因此满足随机性假设。

同质性假设又称为平行趋势假设，要求处理组和对照组在政策时点前的虚拟变量与处理组虚拟变量的交互项的系数不显著，以此来认定除了政策冲击外，其他因素对个体的影响是同质的。也就是说，如果没有受到政策的冲击，处理组的时间效应（或趋势）应该与控制组一致，在统计意义上，处理组和对照组是同方差，处理组和对照组在政策实施前后总体趋势一致。

进行平行趋势检验，需要有政策冲击前后大于两年的数据，首先要生成各年份哑变量与处理组哑变量的交互项，然后将这些交互项作为解释变量进行回归分析，看回归系数是否显著，如果政策冲击前交互项显著，政策冲击后的交互项不显著，说明满足平行趋势假设，并且政策冲击对于不同的分组是有效果的。

在满足假设后，计算系数 β_1 的估计量 $\hat{\beta}_1$：

$$\hat{\beta}_1=\overline{y_{11}}-\overline{y_{10}}-(\overline{y_{01}}-\overline{y_{00}})=E(y \mid x_{it}=1)-E(y \mid x_{it}=0) \tag{4-2}$$

$\beta=E(y \mid x_{it})>0$，表示政策对解释变量产生正向影响，如果 β 等于或接近零，表明政策效果不明显。

4.2.3 贫困户加入合作社的行为倾向内生转换模型与假设

与 PSM 相似，ESR 利用方程（4－3）建立了一个贫困户决策模型及收入模型。

$$Y_i=\alpha C_i+\beta X_i+u_i,$$
$$C_i^*=Z_i\gamma+v_i, C_i=\begin{cases}1 & (C_i^*>0)\\ 0 & (C_i^*\leqslant 0)\end{cases} \tag{4-3}$$

其中，C_i 是贫困户是否加入合作社的虚拟变量，加入合作社为 1，否则为 0；Y_i 是连续方程中的因变量，X_i 是一组影响贫困户家庭收入的其他变量，Z_i 是潜在变量模型中影响贫困户家庭决策的观察协变量的函数，u_i 为独立同分布残差，v_i 为均值为零的误差项，α 为未知参数向量。

具体到贫困户的每种选择，Y_{1i}和 Y_{0i}分别是加入合作社贫困户和未加入合作社贫困户的家庭人均收入，X_{1i}和 X_{0i}是弱外生变量的向量；β_1 和 β_0 是要估计的参数向量。

$$Y_{1i}=\beta_1 X_{1i}+u_{1i}(C_i=1) \tag{4-4}$$

$$Y_{0i}=\beta_0 X_{0i}+u_{0i}(C_i=0) \tag{4-5}$$

需要强调的是，内生转换模型允许 Z_i 中的解释变量与 X_i 重叠，但为了识别，要确定 Z_i 中至少有一个变量（识别变量）没有包含在 X_i 中，这个变量要能够直接影响农户的行为，而不直接影响农户的收入水平。

由于不可能同时观察参与和未参与合作社情况下的家庭收入，并且随机误差项的条件期望值不为零，使用方程（4-3）、（4-4）和（4-5）中的 OLS 估计得到的是有偏差的结果。因此，使用全信息极大似然估计来进行反事实推断。

假设 v_i，$u_1 v$，$u_0 v$ 有一个三变量正态分布（Trivariate Normal Distribution），平均向量为零，协方差矩阵为：

$$\Omega=\begin{bmatrix}\sigma_v^2 & \sigma_{u_1 v} & \sigma_{u_0 v}\\ \sigma_{u_1 v} & \sigma_1^2 & \cdot \\ \sigma_{u_0 v} & \cdot & \sigma_0^2\end{bmatrix}$$

其中，$\sigma_v^2=\mathrm{var}(v)$，$\sigma_{u_1 v}=\mathrm{cov}(u_1, v)$，$\sigma_{u_0 v}=\mathrm{cov}(u_0, v)$，并将 σ_v^2 归一化为 1，u_1 和 u_0 的条件期望值确定为：

$$E(u_{1i} \mid C_i=1)=E(u_{1i} \mid \gamma_1 Z_i+v_i>0)=\sigma_{u_1 v}\frac{\varphi(\gamma_1 Z_i)}{\Phi(\gamma_1 Z_i)}=\sigma_{u_1 v}\lambda_{1i}$$

$$E(u_{0i} \mid C_i=0)=E(u_{0i} \mid \gamma_0 Z_i+v_i>0)=\sigma_{u_0 v}\frac{-\varphi(\gamma_0 Z_i)}{1-\Phi(\gamma_0 Z_i)}=\sigma_{u_0 v}\lambda_{0i}$$

其中，$\varphi(\gamma Z_i)$ 和 $\Phi(\gamma Z_i)$ 表示以 γZ_i 为变量的标准正态分布的密度函数和累积概率密度函数，$\frac{\varphi(\gamma_1 Z_i)}{\Phi(\gamma_1 Z_i)}$（表示为 λ_{1i}）和$\frac{-\varphi(\gamma_0 Z_i)}{1-\Phi(\gamma_0 Z_i)}$（表示为 λ_{0i}）是不可观测变量产生的选择偏差，即逆米尔斯比（Inverse Mills Ratios，IMR），也就是说，如果σ_{u_1v}和σ_{u_0v}显著非零，则有必要纠正不可观测变量引起的样本选择偏差。

据此，可以估计农户在加入合作社和不加入合作社两种情况下，贫困户家庭的预期收入效应，分别为：

$$E(Y_{1i} \mid C_i=1)=\beta_1 X_{1i}+\sigma_{u_1v}\lambda_{1i} \tag{4-6}$$

$$E(Y_{0i} \mid C_i=0)=\beta_0 X_{0i}+\sigma_{u_0v}\lambda_{0i} \tag{4-7}$$

其中，方程（4－6）是加入合作社贫困户家庭的预期收入效应，方程（4－7）是未加入合作社贫困户家庭的预期收入效应。除了比较加入合作社贫困户（4－6）和未加入合作社贫困户（4－7）的预期收入外，还可以在反事实的假设下，估计出假如实际加入合作的贫困户未加入合作社时的预期收入（4－8），及假如实际未加入合作社的贫困户加入合作社时的预期收入（4－9）。

$$E(Y_{0i} \mid C_i=1)=\beta_0 X_{1i}+\sigma_{u_0v}\lambda_{1i} \tag{4-8}$$

$$E(Y_{1i} \mid C_i=0)=\beta_1 X_{0i}+\sigma_{u_1v}\lambda_{0i} \tag{4-9}$$

加入合作社的贫困户的收入平均处理效应（ATT）为：

$$ATT=E(Y_{1i} \mid C_i=1)-E(Y_{0i} \mid C_i=1)=(\beta_1-\beta_0)X_{1i}+(\sigma_{u_1v}-\sigma_{u_0v})\lambda_{1i} \tag{4-10}$$

未加入合作社的贫困户的收入平均处理效应（ATU）为：

$$ATU=E(Y_{1i} \mid C_i=0)-E(Y_{0i} \mid C_i=0)=(\beta_1-\beta_0)X_{0i}+(\sigma_{u_1v}-\sigma_{u_0v})\lambda_{0i} \tag{4-11}$$

4.2.4 变量设置与描述性统计

影响农户增收的因素很多，为单独考察合作社对农户收入变化的效应及对增收稳健性的影响，要对其他影响收入的因素加以控制。变量选择基于“3.2.3 因果路径与变量选择”中因果图筛选出的初始变量集展开。具体变量设置如下：

（1）结果变量设置。结果变量为“贫困户2018年家庭人均年收入”。

（2）处理变量的选取。“贫困户是否加入合作社”为处理变量，静态描述合作社对农户收入提高的效应。加入合作社取值为1，未加入取值为0。

（3）协变量设置。协变量应该是“同时”影响处理效应概率的因素与影响结果变量的因素，协变量集要尽量涵盖可能影响结果变量和处理变量的相关变量。本书在“3.2.3 因果路径与变量选择”中绘制因果图时，已经充分考虑了变量的选取特征，在此不再赘述。基于初始变量集 1，从家庭的人口学特征、社会经济特征和政策感知特征三个层面设计变量束，为了检验匹配结果的稳健性，分别使用两个协变量集进行匹配（表 4－1）。

表 4－1　协变量设置

变量集	初始变量集 1	初始变量集 2
人口学特征	民族、家庭最高学历，外出打工人数、家庭成员健康状况	民族、家庭最高学历、外出打工人数、劳动力个数
社会经济特征	人均耕地面积、距村主干道距离	人均耕地面积、距村主干道距离
政策感知特征	是否享受过其他政策	是否享受过其他政策

变量的虚拟变量设置如下。本书调研地区为苗族和土家族民族自治区域，农户分为汉族、苗族和土家族三个民族，设置两个哑变量：是否为苗族、是否为土家族。家庭最高学历范围从文盲到研究生，按照不同的学历水平分为高、较高、中等、较低、低五个类别，设置大专及以上学历、高中学历、初中学历、小学学历四个哑变量。家庭成员健康状况分为健康、疾病（有疾病，但能参加一般性劳动）、无劳动能力（有重大疾病或残疾，无法参加劳动）三个类别，设置家庭成员是否健康、是否有疾病两个哑变量。是否参与过其他政策为 0－1 变量，精准扶贫政策实施期间，我国政府对贫困户有较多的帮扶政策，涵盖劳动技能培训、小额贷款、产业基金、政府补贴等，贫困户只要在加入合作社之前曾至少参与过其中一项政策，就认为政策参与度为 1，否则为 0。

本次评估共获得贫困户样本 853 个，从脱贫时间来看，涉及已脱贫户和未脱贫户两种类型，其中已脱贫户是指达到脱贫标准，按照计划已经走完脱贫程序的贫困户，未脱贫户是指在 2018 年后计划脱贫户的贫困户。从建档立卡时间来看，涉及 2014 年、2015 年最初贫困认定户以及后面进行动态调整识别认定的贫困户。其中加入合作社的贫困户 238 户，未加入合作社的贫困户 615 户。从分布范围来看，样本比较均匀地分布在武陵山区不同贫困类型的贫困县（见“3.1.1 样本区域选择”），调研的合作社全部为农业产业合作社。

变量具体的描述性统计如表 4－2 所示，可以看出样本贫困户的概貌

表 4-2　变量集 1 的描述性统计

变　量	变量定义	社员（N=238）	非社员（N=615）	p 值	
		均值（标准差）	均值（标准差）	T 检验	χ^2 检验
2018 年家庭人均收入	2018 年农户家庭总收入除以家庭人口数	7 837（4 245）	7 099（3 514）	0.005 7***	
外出打工人数	农户家庭外出打工人口数	1.4（1.64）	1.658（1.11）	0.006 0***	
人均耕地面积	农户家庭耕地总和除以家庭人口数，取对数	7.2（1.58）	6.752（1.9）	0.005 2***	
距村主干道距离	农户房屋到村主干道的距离	0.59（0.95）	0.76（1.2）	0.027 0**	
民族					<0.001***
苗族	苗族=1，其他=0	74（31.1）*	231（37.6）		
土家族	土家族=1，其他=0	125（52.5）	154（25）		
汉族	汉族，参照组	39（16.4）	230（37.4）		
家庭最高学历					0.002 1**
大专及以上	大专及以上学历=1，其他=0	36（15.1）	65（10.56）		
高中	高中学历=1，其他=0	19（8）	80（13）		
初中	初中学历=1，其他=0	102（42.9）	321（52.2）		
小学	小学学历=1，其他=0	77（32.3）	137（22.28）		
文盲或半文盲	家庭成员均未受过教育，参照组	4（1.7）	12（1.96）		
家庭成员健康状况					0.769 9
健康	农户家庭成员均健康=1，其他=0	122（51.3）	309（50.244）		
疾病	农户家庭成员中有疾病但可以从事基本劳动=1，其他=0	104（43.7）	267（43.415）		
无劳动能力	农户有家庭成员因患重病或残疾丧失劳动能力，参照组	12（5.0）	39（6.341）		
是否享受过其他政策					
享受过	农户在加入合作社之前曾享受过其他政策=1，其他=0	132（55.5）	265（43.1）		0.001 2***
未享受过	农户在加入合作社之前未享受过其他政策，参照组	106（44.5）	350（56.9）		

注：连续变量显示的是均值（标准差），分类数据显示的是个数（百分比）。*、**、*** 分别表示数据在 10%、5%、1%的水平上显著。

特征。其中，社员贫困户和非社员贫困户在 2018 年家庭人均收入、外出打工人数、人均耕地面积、距村主干道距离、民族、家庭最高学历、是否享受过其他政策这些指标上都有显著差异。如加入合作社社员的平均收入比非社员的平均收入高 732 元；社员的人均耕地面积较多，家庭房屋距主干道距离较近，曾较多享受过国家政策；非社员农户外出打工的人口数较多。样本描述性统计的结果基本符合基于现实的研究假设，可以看出加入合作社的贫困户和未加入合作社的贫困户具有较为明显的异质性。

4.3 合作社增收效应估计结果

4.3.1 贫困户加入合作社的行为倾向

使用 logit 回归模型逐步引入初始变量集 1 中的 7 个特征变量，每次估计完成后，选择对数极大似然值（Log-Likelihood，简称 LL 值）最大的模型中的协变量放入基准模型中，共迭代 66 次，选出距村主干道距离、民族、家庭最高学历、是否享受过其他政策、耕地面积、疾病和外出打工人数 7 个协变量的 9 个哑变量进入模型。每个家庭参与合作社的概率（倾向得分）在 Logit 模型中进行计算（表 4－3），$LR\ \chi^2\ (9)=112.7$，$Prob>\chi^2=0.0000$，$Pseudo\ R^2=0.113$，$Log\ likelihoods=-443.195$，模型整体拟合度较好。

表 4－3　变量集 1 的 Logit 估计结果

变　量	系数	标准误	z	$p>\|z\|$
距村主干道距离	−0.191 4	0.085 6	−2.23	0.025**
土家族	1.581 7	0.222 9	7.10	0.000***
苗族	0.608 8	0.226 4	2.69	0.007***
享受过其他政策	0.772 7	0.176 0	4.39	0.000***
大专及以上学历	0.806 1	0.263 1	3.08	0.002***
小学学历	0.423 7	0.202 4	2.09	0.036**
疾病	0.252 9	0.173 0	1.46	0.144
人均耕地面积	0.170 5	0.056 4	3.02	0.003***
外出打工人数	−0.165 7	0.087 7	−1.89	0.059*

（续）

变　量	系数	标准误	z	$p>\|z$
常数项	−3.326 8	0.502 6	−2.23	0.000
$LR\ \chi^2$（9）	112.7			
$Prob>\chi^2$	0.000 0			
$Pseudo\ R^2$	0.113			
Log likelihoods	−443.195 0			

注：*、**、*** 分别表示数据在 10%、5%、1%的水平上显著。

尽管不需要关注 PSM-Logit 模型中解释变量的显著性，但从回归结果中可以看出，不同群体之间存在不同的政策认知和行为差异。总体来看，家庭的人口学特征、社会经济特征和政策感知都会对农户行为产生影响，其中家庭劳动力水平、家庭生产条件和家庭政策感知是影响贫困户是否加入合作社的重要因素，这为我们进行更深入的研究提供了方向和思路。

4.3.2　匹配后的合作社增收效应

首先对 PSM 的共同支撑假设进行验证，如图 4－1 所示，贫困户加入合作社和未加入合作社的概率分布有较大的重合（图中▭和▨部分），满足共同支撑假设。从样本中删除支撑区域以外的观察结果，最终获得的样本量为 828（包含 229 个社员和 599 个非社员），由此估算 ATT。

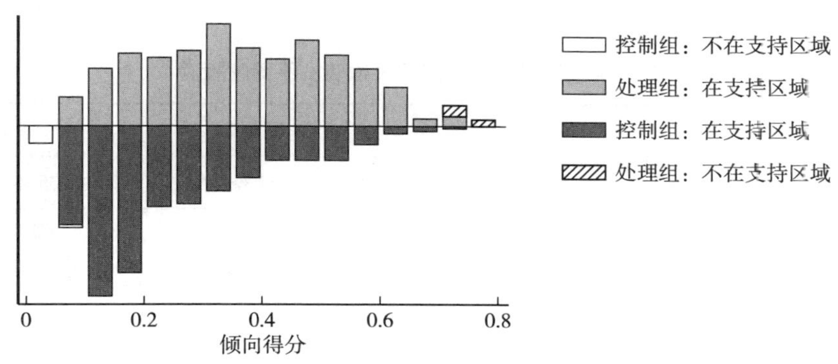

图 4－1　变量集 1 倾向得分的共同支撑区域

然后进行平衡性检验（图 4－2），匹配后样本协变量之间的标准偏差比不匹配样本协变量更接近于0，这表明匹配后所有协变量的标准化平均偏差明显降低。同时，运用四临近匹配、核匹配、半径匹配和卡尺内最近邻匹配四种匹配方法进行匹配后，*Pseudo* R^2、*LR* χ^2 和均值标准偏差值都明显减小（表4-4），p 值等于或接近1（0.928），说明匹配后处理组和控制组的协变量均值差异不显著，认为匹配效果较好。

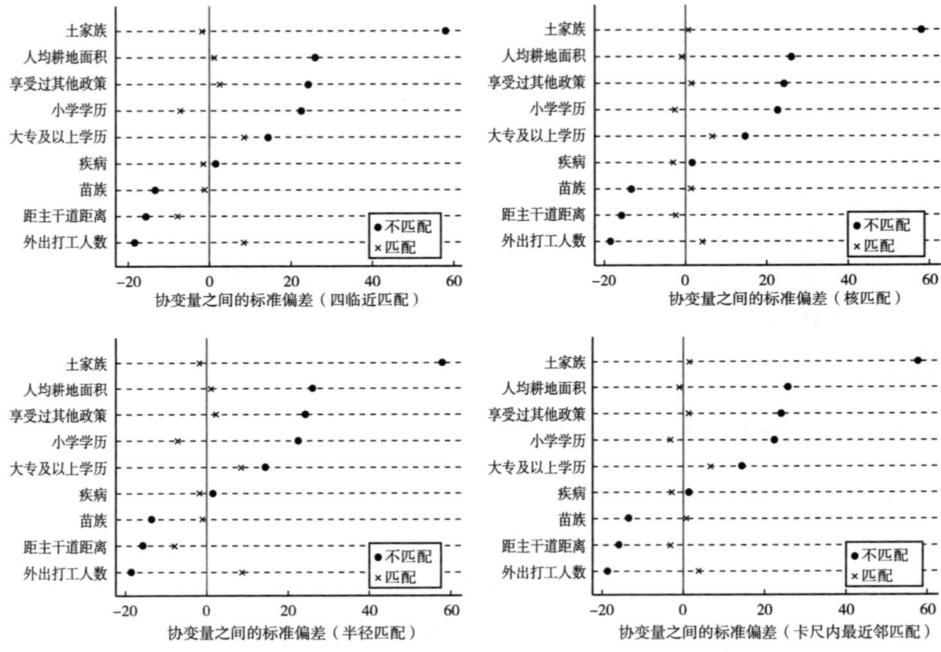

图4-2　变量集1倾向得分的平衡性检验

表4-4　变量集1匹配效果检验：平衡性检验

检验	匹配前	匹配后			
		四临近匹配	核匹配	半径匹配	卡尺内最近邻匹配
Pseudo R^2	0.113	0.004	0.001	0.004	0.001
LR χ^2	112.7	2.46	0.64	2.47	0.76
p 值	0.000	0.928	1	0.928	1
均值标准偏差值	21.5	4.4	2.5	4.5	2.7
中位数偏差	18.6	2.3	2.5	2.3	2.7

对匹配后的处理组和控制组进行描述性统计分析和组间差异比较

（表 4－5），经过匹配，除了家庭成员身体健康这一指标项，其他指标项都分别在不同水平有显著的差异。这些差异是对均值进行的计算和检验，说明处理组和控制组之间是具有差异的，加入合作社和未加入合作社的贫困户在外出打工人数、人均耕地面积、距村主干道距离、民族、家庭最高学历、是否享受过其他政策等方面存在差异。相较于未加入合作社的贫困户而言，加入合作社的贫困户人均家庭年收入更多、外出打工人数更少、人均耕地面积更多、距村主干道距离更近、汉族社员占比更少、大专及以上学历和小学学历社员占比更大、享受过其他政策的社员占比更大。这一结果与“4.3.1 贫困户加入合作社的行为倾向”中 Logit 回归的结果一致。

表 4－5　变量集 1 匹配后的变量描述性统计与组间差异

变量名称	社员（N＝229）	非社员（N＝599）	p 值	
	均值（标准差）	均值（标准差）	T 检验	χ^2 检验
2018 年家庭人均收入	7 741.8（4 077.5）	7 146.5（3 545.5）	0.019 3**	
外出打工人数	1.3（1.11）	1.49（1.13）	0.013 4**	
人均耕地面积	7.2（1.60）	6.87（1.68）	0.006 3***	
距村主干道距离	0.60（0.96）	0.72（1.04）	0.068 2*	
民族				<0.001***
苗族	73（31.9）	224（37.4）		
土家族	117（51.1）	155（25.9）		
汉族	39（17.0）	220（36.7）		
家庭最高学历				0.012 8**
大专及以上	32（14.0）	65（10.9）		
高中	19（8.3）	78（13.0）		
初中	101（44.1）	309（51.6）		
小学	74（32.3）	136（22.7）		
文盲或半文盲	3（1.3）	11（1.8）		
家庭成员健康状况				0.820 5
健康	119（52.0）	300（50.1）		
疾病	98（42.8）	262（43.7）		
无劳动能力	12（5.2）	37（6.2）		
是否享受过其他政策				
享受过	124（54.1）	263（43.9）		0.008 2***
未享受过	105（45.9）	336（56.1）		

注：连续变量显示的是均值（标准差），分类数据显示的是个数（百分比）。*、**、*** 分别表示数据在 10%、5%、1%的水平上显著。

表 4-2 中，在倾向得分匹配前对处理组和控制组进行 T 检验，得出社员贫困户的家庭人均收入为 7 837 元，非社员贫困户的家庭人均收入为 7 099 元，社员贫困户比非社员贫困户高 738 元，在 1%的水平上显著。采用四临近匹配法、核匹配法、半径匹配法、卡尺内最近邻匹配法控制样本选择偏差，计算得到增收效果分别为 629.84 元、431.86 元、627.27 元、415.66 元，结果在四种匹配方法中稳健性较高，整体都低于匹配前的差异（表 4-6）。PSM 估计的结果稳健但不显著（$p \geqslant 0.1$）。为了考察匹配结果的稳健性，采用改变自变量的方法，使用初始变量集 2 再次进行倾向得分匹配，以验证结论是否可靠。

表 4-6　合作社增收效应的 PSM 估计结果（变量集 1）

结果变量	匹配算法	处理组	控制组	*ATT*	标准误	*z* 值	*p* 值
2018 年家庭人均收入	四临近匹配	7 741.788	7 111.951	629.84	349.314	1.53	0.126
	核匹配	7 741.788	7 309.930	431.86	326.996	1.32	0.188
	半径匹配	7 741.788	7 114.520	627.27	349.175	1.53	0.125
	卡尺内最近邻匹配	7 741.788	7 326.127	415.66	326.351	1.24	0.217

注：*、**、*** 分别表示数据在 10%、5%、1%的水平上显著。使用 STATA “psmatch2” 命令估计四临近匹配、核匹配（带宽=0.06）、半径匹配（卡尺=0.06）、卡尺内最临近匹配（卡尺=0.06）。

首先，使用 logit 回归模型逐步引入初始变量集 2 中的 7 个特征变量，共迭代 55 次，选出距村主干道距离、民族、家庭最高学历、是否享受过其他政策、耕地面积、外出打工人数、劳动力人数 7 个协变量的 9 个哑变量进入模型中，分别为距村主干道距离、劳动力人数、外出打工人数、人均耕地面积、苗族、土家族、享受过其他政策、大专及以上学历、小学学历。每个家庭参与合作社的概率（倾向得分）在 Logit 模型中计算，结果为 $LR\ \chi^2$ (9)=119.36，$Prob>\chi^2=0.00$，$Pseudo\ R^2=0.12$，*Log likelihoods*=−439.38，模型拟合效果较好，与使用初始变量集 1 的拟合效果接近。

然后，基于变量集 2 的 Logit 计算结果，采用 PSM 方法估计加入合作社对贫困户收入的影响。变量集 2 的共同支撑区域样本量为 827（包含 231 个社员和 596 个非社员），满足共同支撑假设。如表 4-7 所示，运用四种匹配方法进行匹配后，$Pseudo\ R^2$、$LR\ \chi^2$ 和均值标准偏差值明显减小，似然比检验 p 值均接近 1，认为匹配结果满足平衡性假设。

表 4-8 为基于变量集 2 进行 PSM 后的 *ATT* 结果，可以看出，在采用四种匹配方法控制样本选择偏差后，计算得到增收效果分别为 629.84 元、431.86 元、627.27 元、415.66 元，结果在四种匹配算法中的稳健性较高，与变量集 1 的匹配结果相比，不显著性略有增加，其中，运用核匹配算法对两个变量集进行 PSM 估计的结果几乎完全相等，因此 PSM 匹配的结果整体比较稳健。

表 4-7 变量集 2 匹配效果检验：平衡性检验

检验	匹配前	匹配后			
		四临近匹配	核匹配	半径匹配	卡尺内最近邻匹配
$Pseudo\ R^2$	0.12	0.005	0.003	0.005	0.002
$LR\ \chi^2$	119.36	3.07	1.77	3.07	1.41
p 值	0.00	0.961	0.995	0.961	0.998
均值标准偏差值	24.2	6.1	4.5	6.1	3.9
中位数偏差	22.0	6.5	3.8	6.5	3.3

表 4-8 合作社增收效应的 PSM 估计结果（变量集 2）

结果变量	匹配算法	处理组	控制组	*ATT*	标准误	Z 值	p 值
2018 年家庭人均收入	四临近匹配	7 750.5	7 254.8	495.7	354.8	1.15	0.250
	核匹配	7 750.5	7 304.7	445.9	332.6	1.32	0.189
	半径匹配	7 750.5	7 254.8	495.7	354.8	1.18	0.238
	卡尺内最近邻匹配	7 750.5	7 329.7	420.8	331.5	1.14	0.252

注：*、**、*** 分别表示数据在 10%、5%、1%的水平上显著。使用 STATA "psmatch2" 命令估计四临近匹配、核匹配（带宽=0.06）、半径匹配（卡尺=0.06）、卡尺内最临近匹配（卡尺=0.06）。

4.3.3 平行趋势检验与增收效应评估

经过 PSM 匹配，消除了样本"加入合作社"和"不加入合作社"的组间差异，使用倾向得分匹配后满足共同支撑假设的样本看作随机分组样本。使用该样本继续进行 DID 估计。DID 估计需要区分政策冲击的前后时间，因此进行双重差分估计的样本在政策冲击前和冲击后的样本数量分别为 834 户和 822 户，其中处理组 458 户，对照组 1 198 户（表 4-9）。

表 4-9　DID 样本分布情况

	政策冲击前	政策冲击后	共计
处理组	231	227	458
对照组	603	595	1 198
共计	834	822	

本书使用样本贫困户 2013—2017 年的数据，检验样本贫困户收入的趋势。首先设置了五个时期的变量，分别为前期（*Before*1）、现期（*Current*）、后期 1（*After*1）、后期 2（*After*2）、后期 3（*After*3）。采用事件研究法，首先生成年份虚拟变量与处理组虚拟变量的交互项。如果观测数据是政策冲击前一年的数据，*Before*1＝1，否则为 0；如果观测数据是政策实施当年的数据，*Current*＝1，否则为 0；当观测数据是政策实施后一、二、三年的数据时，*After*1、*After*2、*After*3 分别取 1，否则为 0。五个变量分别与处理组的哑变量（$TREAT_i=1$）进行交互，然后对结果变量（收入）、处理变量（是否加入合作社）、协变量（距村主干道距离、民族、家庭最高学历、外出打工人数、家庭成员健康状况、是否享受过其他政策）进行回归分析，得到各变量的系数及 p 值，如表 4-10 所示。

需要说明的是，由于我国的精准扶贫政策开始于 2013 年，贫困户的相关数据是从 2013 年开始统计的，在 2014 年实施产业扶贫政策发展合作社之前，只有一年的前期数据，本书通过增加协变量的数量来增加结果的可信度[237]。从表 4-10 可以看出，前期（*Before*1）的系数不显著，现期（*Current*）、后期 1（*After*1）、后期 2（*After*2）的系数均正向显著，说明样本数据满足双重差分模型的平行性检验，实验组和对照组是可以进行比较的。

表 4-10　DID 平行趋势检验结果

y	系数	t	$p>t$
是否加入合作社	326.5	2.44	0.072**
*Before*1	273.8	0.49	0.628
Current	280.7	16.33	<0.001***

(续)

y	系数	t	$p>t$
$After1$	174.8	11.00	<0.001***
$After2$	330.4	15.02	<0.001***
$After3$	0	omitted	
距村主干道的距离	−238.6	(2.19)	0.093*
土家族	1 143.6	3.26	0.031**
享受过其他政策	549.1	6.9	0.002***
大专及以上学历	1 815.6	5.89	0.004***
耕地面积	75.7	3.10	0.036**
苗族	322.6	1.22	0.289
外出打工人数	618.3	3.10	0.036**
小学学历	−188.65	(3.92)	0.017**
家庭成员有疾病	−798.7	(4.07)	0.015**
$sigma\_u$	1 294.7		
$sigma\_e$	3 476.7		
rho	0.122		

注：*、**、*** 分别表示数据在10%、5%、1% 的水平上显著。

结果显示，系数在政策实施前为正，在政策实施的年份，系数略上升，而政策实施后一年出现显著下降，但在政策实施后第二年又呈现出明显上升趋势。从平行趋势检验的结果能够看出，在政策实施的基期年，样本贫困户的收入相较政策实施前一年呈现上升趋势，在受到政策冲击后的第一年收入出现大幅度下降，在第二年又呈现明显上升趋势。这个结果呈现的总体上升趋势与“合作社对农户有增收效应”这一结论基本一致。

应用双重差分模型（公式 4-1），选取第四章倾向得分匹配后满足共同支撑假设的样本（表 4-9），研究合作社对于增加贫困户收入的作用。实证结果如表 4-11 所示，表中的模型 1 为未加入协变量的回归估计，模型 2 为加入全部协变量的回归估计，从双重差分估计结果来看，随着协变量的加入，模型拟合系数略有增加。

表 4-11 双重差分估计结果

变 量	2018 年家庭人均年收入	
	模型 1	模型 2
双重差分估计量	224.5*	232.8*
政策前差分值	360.8*	117.3*
政策后差分值	585.3*	350.1*
距村主干道距离		−208.9***
土家族		618.9***
曾经享受过其他政策		599.9***
大专及以上学历		762***
人均耕地面积		49.1
苗族		24.5
外出打工人数		62.8
小学学历		−340.2
家庭成员患有疾病		−413.4*
样本量	1 656	1 656

注：*、**、*** 分别表示数据在 10%、5%、1%的水平上显著。

结果表明，加入合作社使贫困户家庭人均年收入增长 232.8 元。这一结果与 PSM 匹配结果一致，在消除了时间效应后，这一结果可靠性更强。从协变量的系数估计结果来看，距主干道距离系数为负且显著，土家族系数为正且显著，曾经享受过其他政策系数为正且显著，大专及以上学历系数为正且显著，家庭成员患有疾病系数为负且显著。说明贫困户家庭住房距村主干道距离越远，家庭人均年收入越少；贫困户为土家族、曾享受过其他政策、家庭最高学历为大专及以上这几个因素有利于家庭人均年收入增长；家庭成员患病会减少家庭人均年收入。

4.3.4 特征变量选择与反事实结果推断

本章依然使用倾向得分匹配后满足共同支撑假设的样本数据，变量设置遵循“4.2.4 变量设置与描述性统计”中的分析，以此保证研究的一贯性和结果的可比性。考虑到第 3 章初始变量集选择结果和 PSM 匹配的显著性结果，我们以第 4 章的变量集 1 为基准变量集进行变量设置（表 4-3）。

(1) 特征变量选择。在农村经济体制改革推进过程中，我国农村民主政治建设快速提升，自下而上的民主诉求得到了自上而下的民主回应，基层党组织与农民之间的信任关系不断加强。但农村场域中多年来的政治逻辑和社会基础不会在短期内完全更改。调查显示，在目前的中国农村，农户对于当地农业合作社的性质功能、社员权利义务、盈余分配制度、民主决策制度等相关知识了解程度一般，农户获得合作社相关信息的主要途径是政府的宣传推广，对于政府和政策的信任程度在一定程度上影响了农户加入合作社的意愿[238]。

现有合作社减贫效益研究较多关注个人特征和家庭特征，较少关注农民对政策的亲近程度对于农户选择加入合作社行为的影响，以及合作社项目对减贫效应的影响。新型合作经济组织背景下，农户对于政府的信任程度如何影响农户选择是否加入合作社，进而如何影响合作社项目的减贫效应，仍值得深入探讨。普遍认知中，中国农户对政府和政策的亲近感会影响农户是否加入合作社的选择，但对收入并无明显的直接影响，因此，我们从“亲近感”这一角度来考虑如何选择识别变量。由于“亲近感”真实存在却无法准确测量，我们从空间距离、心理距离、群体距离三个层次选择代理变量来代表农户对政府和政策的亲近程度。其中，空间距离指的是农户在村级场域所处的地理位置，用“距村主干道路距离”来衡量；心理距离指的是农户对于政策的参与度和接受度，用“政策参与度”来衡量，精准扶贫政策实施期间，我国政府对于贫困户有较多的帮扶政策，涵盖劳动技能培训、小额贷款、产业基金、政府补贴等，贫困户只要在加入合作社之前曾至少参与过其中一项政策，就认为政策参与度为 1，否则为 0；群体距离是指农户所处的群体对政府和政策的信任感，调研地区为民族自治区域，用“民族（苗族、土家族、汉族）”来衡量贫困户与乡村主流群体的距离。

首先，分别考虑四个代理变量与“是否加入合作社”的相关关系，四个变量（包含“民族”的两个哑变量）都在 1%的水平上显著（表 4-12）。

其次，采用 2SLS 回归来检验四个变量是否均为外生，并进行过度识别检验，计算结果 $p=0.058$，拒绝“所有变量均外生”的原假设，认为部分识别变量不合格，与扰动项有关。再分别检验识别变量的外生性，其中，“民族”和“政策参与度”通过了过度识别检验（Hasen J 检验）

($\chi^2=3.02$，$p=0.221$)。因此，本书选取“民族”和“政策参与度”作为识别变量，最终 X 变量集包含的变量为距村主干道距离、家庭最高学历（哑变量为大专及以上学历和小学学历）、家庭成员健康状况（哑变量为疾病）、人均耕地面积、外出打工人数，Z 变量集包含的变量为距村主干道距离、民族（哑变量为土家族和苗族）、享受过其他政策、家庭最高学历（哑变量为大专及以上学历和小学学历）、家庭成员健康状况（哑变量为疾病）、人均耕地面积、外出打工人数。

表 4-12　变量相关关系检验结果

变　量	是否加入合作社	
	相关系数	p 值
距村主干道距离	−0.07	0.046**
政策参与度	0.111 3	0.001***
民族		
苗族	0.061	0.077*
土家族	0.261	<0.001***

注：*、**、*** 分别表示数据在 10%、5%、1%的水平上显著。

（2）内生转换回归结果。

第一，使用完全信息最大似然估计方程（4-3）、（4-4）和（4-5），如果贫困户加入合作社，则成员选择指标为 1，否则为 0。方程（4-3）中误差项 v_i 与方程（4-4）中误差项 u_{1i} 的相关系数用 ρ_1 表示；方程（4-3）中误差项 v_i 与方程（4-5）中误差项 u_{0i} 的相关系数用 ρ_0 表示。计算结果为 $\rho_1=-0.29$；$\rho_0=-0.97$，其中 ρ_0 为负且与 0 有显著差异（绝对值接近 1），表明未加入合作社的贫困户家庭收入高于随机抽样家庭，加入合作社的贫困户家庭收入没有明显高于或低于随机抽样家庭，这表明选择加入合作社的贫困户和未加入合作社的贫困户两组群体之间存在异质性。

第二，加入合作社的收入回归方程、未加入合作社的收入回归方程、贫困户选择方程三个方程联合独立性的似然比检验结果为 $LR\chi^2=122.19$，$p<0.001$，即拒绝原假设 $\rho_1=\rho_0$，表明方程（4-4）中的误差项 u_{1i} 和方程（4-5）中的误差项 u_{0i} 是相关的，忽略它们可能导致结果有偏差。

第三，估计加入合作社与不加入合作社贫困户的实际家庭人均收入和反事实家庭人均收入，并计算平均处理效应。如表 4-13 所示，对角线单元格计算的是方程（4-6）和方程（4-7）的结果，是贫困户是否加入合作社的实际预测平均收入；非对角线单元格计算的是方程（4-8）和方程（4-9）的结果，是贫困户是否加入合作社的反事实收入预测。ATT 是通过比较方程（4-6）和方程（4-9）所得到的处理组（加入合作社的贫困户）的处理效果（成为合作社社员对收入的影响），ATU 是通过比较方程（4-8）和方程（4-7）所得到的对照组（未加入合作社的贫困户）的处理效果（成为合作社社员对收入的影响）。$H1$ 和 $H2$ 是家庭基础异质性对加入合作社与不加入合作社的影响效果，$H3$ 为过渡异质性（Transitional Heterogeneity）。

表 4-13 反事实结果推断与平均处理效应结果

贫困户	行为选择		平均处理效应（ATE）
	加入合作社	未加入合作社	
社员	（4-6）$E(Y_{1i} \mid C_i=1)=7\ 764$	（4-9）$E(Y_{1i} \mid C_i=0)=544$	$ATT=7\ 220^{***}$
非社员	（4-8）$E(Y_{0i} \mid C_i=1)=7\ 852$	（4-7）$E(Y_{0i} \mid C_i=0)=7\ 489$	$ATU=363^{***}$
异质性	$H1=-88^{***}$	$H2=-6\ 945^{***}$	$H3=6\ 857^{***}$

注：*、**、*** 分别表示数据在 10%、5%、1%的水平上显著。样本大小：有效样本为 848 户，加入合作社贫困户为 234 户，未加入合作社贫困户为 614 户。

根据计算结果，就实际总收入而言，发现合作社成员的收入比非成员高 276 元［公式（4-6）－公式（4-7）＝276］，这与描述性统计（738 元）和 PSM 估计（629.84 元、431.86 元、627.27 元、415.66 元）的结果一致，即加入合作社对贫困户家庭收入有正向影响。

ESR 回归估计出了更多结果细节。

一是反事实推断的结果：

①如果实际加入合作社的贫困户没有加入合作社，其家庭人均年收入期望值为 544 元，与实际加入合作社的收入（7 764 元）差距为 7 220 元，也就说，如果样本中的现有合作社社员不加入合作社，家庭人均年收入会减少 7 220 元，呈现断崖式下降。这个结果可以表明合作社对现有社员收入有积极和显著的影响。

②如果实际未加入合作社的贫困户加入合作社，其家庭人均年收入期

望值为 7 852 元，与实际未加入合作社的贫困户家庭年收入（7 489 元）相比，多 363 元（约 5%），说明未加入合作社的贫困户加入合作社后，收入也会有一定程度的增加。

从总体上来看，加入合作社对于贫困户增收有积极影响，但是在不同群体中存在差异性。

二是样本潜在异质性调整的差异：

①如果加入合作社的贫困户未加入合作社，他们的家庭人均年收入将比非社员家庭少 6 945 元［公式（4－9）－公式（4－7）＝－6 945］，这表明，现在的合作社社员如果不加入合作社，家庭人均年收入比合作社社员要少得多。可以理解为，如果没有合作社的影响，现有加入合作社社员家庭的收入能力是相对较差的。

②如果现在的非合作社社员加入合作社，他们的家庭人均年收入比现在的社员多 88 元［公式（4－6）－公式（4－8）＝－88］，说明虽然目前未加入合作社的贫困户的家庭人均年收入比加入合作社贫困户的家庭人均年收入低 276 元，但是如果两个群体都不加入合作社或者都加入合作社，即假设两个群体都做同样的选择，现有非合作社贫困户的收入都将高于现有合作社社员。可以理解为，现有非合作社贫困户的“赚取能力”高于现有合作社社员，合作社社员较高的收入得益于加入合作社。

三是过渡异质性的结果（$H3$）。现有合作社社员加入合作社的收入增加比非合作社贫困户加入合作社的收入增加多 6 857 元（$ATT-ATU=6\ 857$；$H1-H2=6\ 857$）。这说明，虽然加入合作社对合作社社员和非社员两个群体的收入都有正向作用，但在不同群体之间的作用存在差异，加入合作社对现有社员的增收作用更大，现有非社员加入合作社后收入并不会明显提升，可以理解为，合作社的增收效应更倾向于“能力较弱群体”。

现有研究较少关注合作社政策效应的时间变化趋势，部分学者运用双重差分模型估计后发现合作社对农户的增收效应呈边际递减，即随着加入合作社时间的增加，农户增加的收入在逐渐减少[239]。也有学者在研究另外一项助农政策时发现了类似的变化趋势，即农户收入会在政策实施后不久上升，但随后出现下降趋势，进而收入又会上升，研究者认为随后的收入上升是由于农户在政策实施效果减弱后选择外出打工所导致的。

4.3.5 稳健性分析

作为结果参照，对“贫困户2018年家庭人均收入”和“贫困户是否加入合作社”两个变量进行一元线性回归估计，再加入协变量集（变量集1）进行多元回归估计。所有估计结果如表4-14所示。

由表4-14可知，在未控制任何协变量的情况下，平均处理效应为738.8，即加入合作社平均能使2018年贫困户家庭人均收入提高738.8元，且在5%的水平上显著（$p=0.021$），$R^2=0.0078$，说明是否加入合作社仅能解释2018年贫困户家庭人均收入0.78%的变动。加入协变量后，平均处理效应降为357.8元，结果不显著。根据前文分析可知，简单线性回归没有消除可能存在选择偏差，估计结果不准确。为了消除各种有可能存在的偏差，本书采用PSM-DID和PSM-ESR模型来评估合作社对贫困户增收的作用效果，在进行倾向得分匹配时，分别采用四临近匹配法、核匹配法、半径匹配法、卡尺内最近邻匹配法四种匹配方法来控制样本选择偏差，计算得到增收效果分别为629.84元、431.86元、627.27元、415.66元，结果稳健性较高，但不显著。PSM-DID模型得到的估计值为232.8元，在10%的水平上显著；基于PSM-ESR模型得到的估计值为276元，在1%的水平上显著。从模型结果可信度来看，PSM-DID和PSM-ESR回归模型是两种同源的估计方法，而且分别消除了不同的估计偏差，两个模型估计结果也基本一致，因此运用PSM-DID和PSM-ESR回归模型估计的结果可信度更高，模型微弱的差异可能来自对于不可测变量的估计偏差[240][212]。因此，我们得出结论，加入合作社具有增收效应，该效应在250元左右①。

表4-14 模型估计结果汇总

合作社增收效应	一元线性回归	多元线性回归	PSM-DID	PSM-ESR
ATT	738.8**	357.8 (0.212)	232.8*	276***

注：*、**、*** 分别表示数据在10%、5%、1%的水平上显著。

① 本书中“增收效应”是指家庭人均年收入。

4.4 实证结果讨论

结合调研实际，对实证结果进行进一步分析。

4.4.1 贫困户行为影响因素

根据表 4-3 的结果可知，家庭的人口学特征、社会经济特征和政策感知都对农户行为产生影响，其中家庭劳动力水平、家庭生产条件和家庭政策感知是影响贫困户是否加入合作社的重要因素。

第一，距村主干道距离显著且系数为负，说明贫困户房屋距村主干道距离越远，越不倾向于加入合作社。这与笔者在实地调研中发现的由于贫困户处在地理边缘、社会边缘而导致脱贫难度大的现象较为一致。由于武陵山区多为山地、丘陵，大部分农户都选择较为平缓的山坡建造房屋，村子是由农户聚居而成的，村庄主干道路附近是农户聚居的地方，也往往是村委会所在地，构成了村庄的“核心场域”。样本贫困户的房屋所在地距村级主干道距离多为 3～5 千米。少数贫困户房屋处于较为偏僻的山沟里，距主干道距离超过 10 千米，坡度较陡，耕地质量差、灌溉难度大、生产效率低，出行不便、居住环境封闭，这部分贫困户自身发展能力较弱，接收到“核心场域”的辐射带动作用也有限。特定区域自然环境劣势是先天存在的、难以改变的，长期的自然环境劣势会导致贫困户产生心理弱势，使得自身能力与脱贫内生动力不足[241]。居住在此类地方的贫困户生计资本脆弱，容易陷入贫困与生态环境退化的恶性循环。由于主观或客观原因限制，他们对于国家政策了解较少，往往会错失参与发展的机会[242]。这类农户是精准扶贫、易地搬迁的主要对象。

第二，外出打工人数的系数为负且显著，说明贫困户家庭外出打工人数越多，越不倾向于加入合作社，反之，外出打工人数较少的家庭倾向于加入合作社。随着劳动力市场的竞争越来越激烈，劳动力自身素质的高低决定了能够在劳动市场获得机会的多少。高素质劳动力在竞争中处于优势地位，更容易获得优质的工作机会。除此之外，农户家庭的社会网络能够帮助农户获取劳动力市场信息，降低机会成本，从而更好地获得劳动机会[243]。因此，外出打工人数较多的家庭往往是家庭劳动力素质较高、家庭社会网络资源较好的农户，由于他们具有更多的赚取收入的来源，对合作社的依赖程度相对较低；而无法通过外出打工赚取收入来改善家庭经济状况的贫困户，对国家帮扶政策的依赖程度更高，因此更倾向于加入合作社。

第三，武陵山区的土家族和苗族更倾向于加入合作社。这或许与国家的民族政策倾斜、汉族农户更倾向于外出打工等因素相关。武陵山区属于民族聚居地，不同民族之间存在一定的差异。受教育程度上，民族地区的文盲率普遍偏高、劳动力的总体素质相对较弱[244]；社会网络资源方面，土家族和苗族多以血亲家庭为社会基本组织，社会网络关系多存在于本地县乡范围，农户可接触的劳动力市场范围有限。部分人口不会说普通话，语言不通也限制了此类人群的社交范围。剩余劳动力在本地区内转移，或在本村内从事兼业性工作，这也使得他们对国家政策的依赖程度更高，更倾向于加入合作社。

第四，大专及以上学历和小学学历的系数为正且显著，说明具有大专及以上学历和小学学历的农户相较于其他学历的农户有更明显的加入合作社的倾向。这个结果与大多数研究普遍认为的“学历越高的贫困户越愿意通过加入合作社来摆脱贫困”的观点略有差异。调研发现，家庭最高学历为大专及以上学历的贫困户基本上都是“因学致贫”，而家庭最高学历为小学学历的贫困户大多数是留守老人家庭，这两者是因为不同原因导致的缺乏劳动力而贫困。而家庭最高学历为初中、高中的贫困户家庭成员大多处于青壮年期，劳动力数量较多，劳动力素质也较高，外出打工的人较多。因此，缺劳动力这一原因也可以解释为什么家庭最高学历处在高低两头的贫困户更倾向于加入合作社。

第五，享受过其他政策的系数为正且显著，说明贫困户在加入合作社之前如果享受过其他政策，会更倾向于加入合作社。这一结果较符合中国农村的政治现状。20 世纪 90 年代，中国合作社发展面临着各种体制性、结构性、政策性的矛盾，农村集体经济力量弱化，农民负担较高，导致农村党组织及集体经济发展在农民心中的公信力减弱[245]。在农村经济体制改革推进过程中，中国农村民主政治建设不断取得进步，民众自下而上的民主诉求与行动同政府自上而下的制度建构良性互动，增强了农村基层党组织的公信力，但并没有彻底扭转农村的政治逻辑和社会基础。合作社形式的升级需要较多的利益教育和政治宣传，才能让农民接受。如果农户曾享受过国家其他助农政策，对国家政策的信任度和满意度较高，会更容易接受合作社的发展模式。

第六，人均耕地面积的系数为正且显著，说明贫困户的人均耕地面积对加入合作社这一行为起到了正向作用。该结论与笔者调研发现的实际情况较为相符，与 Bernard[246] 和 Nugusse 等[247] 的研究结果也一致。精准扶贫政策实施时期的农民专业合作社鼓励贫困户流转土地，用土地入股。一方面耕地面积较大、耕地质量较好的农户更容易实现土地流转；另一方面，山区耕地面积较大的区域一般都在地势较好的区位，距村主干道距离不会太远，这与第一条结论相呼应。

4.4.2 合作社增收机理

实证结果证实了合作社的增收效应，也发现合作社增收存在时间周期，精准扶贫政策实施期间的合作社具有较强的“益贫性”。

(1) 合作社具有增收效应。合作社对于贫困户的收入增长起着正向作用。合作社发展产业，引导贫困户进入产业链条，支持贫困村引进新技术、新品种、新成果，加快农村土地流转和农村金融改革，从种、养、加到销售、品牌推广全产业链为贫困户提供融资支持。这些功能和措施极大地推动了贫困户自身的发展。如英山县 2013 年创办的神峰山庄合作社，探索“文化创意＋教育＋培训＋出版＋影视＋农业产业化解决方案”的产业融合发展模式，从一个县到数个地区联动发展，形成可持续的生态农业产业融合。至 2017 年末，年接待游客达 20 余万人次，2017 年产值 2.2 亿元，直接安排 30 多个村 2 600 名农民就业，辐射带动周边 1 万余贫困人口脱贫。2019 年，农业农村部新认定第六批 299 家国家重点龙头企业（合作社），平均资产规模、销售收入均超过 8 亿元，平均辐射带动贫困户 2 万户左右。在巩固脱贫攻坚成果同乡村振兴有效衔接的阶段，同样应该把发展合作社当作“三农”发展的重要推手。

(2) 合作社的增收效应存在时间周期。平行趋势检验的结果显示了贫困户收入的变化趋势。在政策实施的基期年，样本贫困户的收入相较政策实施前一年呈现上升趋势，在受到政策冲击后的第一年收入出现大幅度下降，在第二年又呈现明显上升趋势。这说明政策可能在颁布后一年有一个反向效果，随后又很快消失，出现较为明显的正向效果。类似的结果在其他研究中也出现过，在政策实施后，有可能会出现短暂的负面效应[108][248]。为了能更好地理解这种收入变化趋势，笔者选择样本村庄中的一个典型案例进行深入调研（2019年），分析深层次原因。

F村所在D县为民族自治县，全县贫困程度深，产业发展滞后，农民收入低。F村位于自然环境恶劣的山区腹地，旅游资源匮乏，交通不方便，发展规模化的旅游产业较难，农业产业基础较差，是典型的武陵山区深度贫困村，也是全国脱贫难度大的村落概貌。

2013年，该村成为县产业扶贫示范点，2014年初成立产业合作社，以发展特色果业、武陵山区濒危中药材种植及加工业为支撑产业，同时，建设美丽村庄，修复废弃老街和院落，把旧房改造成怀旧乡村民宿，发展农旅融合产业。在产业发展五年多的进程中，F村已经走过了初创期和培育期两个时期，在不同发展时期，合作社的发展目标各有侧重。

在合作社发展进程中，F村贫困户收入变化呈现出较为明显的阶段性差异：

①收入平稳期。合作社成立的初期（2013年初至2014年底），主要任务是基础设施建设和土地整治，这些工作主要是由合作社负责人牵头来做，不需要社员有较多参与，完成土地流转即可。这个时期有大量的工程要做，部分加入合作社的贫困户放弃外出打工，加入当地的工程队，就地务工，通过参与合作社建设项目来赚取收入；少数特别困难的贫困户被直接安排在合作社工作，实现长期就业；大部分贫困户虽然加入了合作社，但保持观望态度，只是流转了土地，继续跟从前一样外出打工。因此，这个时期贫困户的收入基本上是稳中有升。

②收入下降期。到2014年底，F村已经完成近2 000亩土地整治，同时进行农作物培育，其间经过了种植对比，淘汰低质品种，从培育园区选出最优秀的品种进行规模化种植。合作社的培育期主要任务是实现农产品的规模化种植，完成民族特色村貌修复。2015年初，通常过完春节就要外出打工的农户（贫困户），多数留下来参与合作社的发展，一部分参与到农作物种植中，一部分开始按照规划翻新自家房屋。这一年，果树尚无挂果，中药种植没有达到预定的标准，合作社无任何收益，同时农户由于减少了外出打工时间，虽然有土地流转租金，但收入

还是出现了较为明显的下降。由于收入下降，部分农户对合作社的信心大打折扣。

③收入大幅上升期。到了 2016 年，村庄核心区域的房屋修葺工作基本完成，部分农户（贫困户）已经开始接待游客，同时，种植的脆李挂果并对接市场，部分中药材也达到销售标准，因此，在 2016 年底，收入又呈现出大幅度的上升趋势。

④收入稳定上升期。整个产业的培育期为 3～5 年，F 村农户在 2017 年和 2018 年的收入基本上是稳中慢升。2018 年底，F 村已实现了整村摘帽，已经开始接待体验观光、采摘、民族风情的游客，“后备箱工程”带动了粮食、蔬菜、水果、畜禽肉类的销售，产业在不断完善。①

从 F 村合作社产业发展不同时期农户的行为选择和收入变化趋势可以看出，政策实施后一年是 F 村开展基础工作最为关键的一年，农户舍弃了之前的收入来源（外出打工等）参与到合作社的发展中来，但是却没有从合作社获取相应的能够补偿这份收入的回报，从而导致了收入的下降。虽然不足以从 F 村这一案例推断出武陵山区乃至全国的总体状况，但这一典型案例能够给我们提供一个角度来解释通过 DID 平行趋势检验所得到的处理组和对照组收入的总体变化趋势，即政策实施的效果需要经过一段时间才能显现，这期间有可能出现变化和波动。产业发展和合作社壮大同样需要时间，由于产业项目周期较长，如果农户投入了大量劳动力却没有得到相应的回报，就会对产业发展的信心大打折扣。从行动层面来看，农户最突出的回应是不愿意配合，多有抱怨，甚至萌生退意[243]。

(3) 合作社对“赚钱能力”较差的贫困户增收作用更明显。如表 4-13 所示，PSM-ESR 回归结果表明，不同群体加入合作社后得到的收入提升效应存在差异。在反事实推断下，如果现有合作社成员不加入合作社，收入会出现断崖式的下降；如果非合作社成员加入合作社，收入则不会有太大变化。

---

① 此次访谈的时间为 2019 年 10 月，此时 F 村农作物产出数量和品质已经较为稳定，农业旅游项目也在持续升级，但是存在产品对接市场有限、经营管理混乱等问题，如果能较好地解决合作社在发展中的问题，迈入成熟期，F 村农户的收入还能持续增加，产业发展也就真正地衔接了脱贫攻坚和乡村振兴，在此不赘述。

为了进一步论证数据分析的结果，笔者选择武陵山区产业发展较好的5个山村走访调研，得出以下结论。“贫困户加入合作社的行为倾向”Logit回归模型的结果表明，家庭劳动力状况、家庭生产条件和以往政策参与度是影响贫困户加入合作社的重要因素，家庭生产条件越好、劳动力状况越差、以往政策参与度越高的贫困户越倾向于加入合作社。在武陵山民族聚居区，劳动力状况较差的群体多为由于地理位置、交通条件、历史文化、自身能力等限制而没有外出打工的群体，他们与外界交流较少，“赚钱能力”较差。这类人群更容易享受到国家的扶持政策，也更依赖国家政策。这类人群通过合作社参与到产业发展中，这类贫困户能够获得技术、资金、市场等方面的支持，在专业团队的帮助下，收入可以大幅度提升。如果没有加入合作社，这类贫困户没有更多的机会和途径增加收入，会陷入持续性的贫困中。相反，贫困地区“赚钱能力”较强的群体有更多机会与外界接触，也有更多的收入来源。加入合作社不会让他们的收入（相较于外出打工）有大幅度的提升。

因此，在武陵山地区，合作社对于能力较弱群体更具有吸引力，起的作用也更加有效。现阶段合作社的增收效应较少惠及能力较强的群体，参与者和非参与者的收入绝对值差别不大，收入增加的相对值差别却很大。能力较弱的群体加入合作社后，收入大幅度提升，比能力较强的贫困户的收入还要高；而能力较强的贫困户即使加入合作社，收入也并不会有明显的提升，这有可能导致内部不平等。因此，应该关注如何进一步拓展农村产业发展的包容性和有效性，吸纳更广泛的群体共享发展。

这一结论符合国家通过发展产业来实现贫困户收入增加、摆脱贫困的政策目标，但与Mojo等人的结论不一致，后者发现加入合作社的人是较富裕的群体，社员比非社员有更好的收入能力。研究结果的差异可能是由于中国精准贫困的实际要求和民族地区特殊的社会环境造成的[212]。

4.5 本章小结

本章通过构建“加入合作社组”与“未加入合作社组”的随机对照组，对比分析合作社的实际增收效应。首先，对样本数据进行了描述性统计，运用Logit模型估计贫困户选择加入合作社的行为倾向影响因素；其次，使用计算所得的倾向得分对样本进行配对，构建了随机配对样本组，并通过替换自变量验证倾向得分匹配结果的稳健性；再次，考虑观测数据存在的变量遗漏问题，运用PSM匹配后的处理组和对照组进行DID回归，消除不随时间变化的组间差异，缓解遗漏变量偏误，准确评估合作社对贫困户的增收效应；最后，运用PSM匹配后的处理组和对照组进行ESR回归，消除依不可测变量的估计偏差，推断出反事实的结果，证实PSM-DID结果的鲁棒性。结果表明，通过倾向得分对样本进行匹配的效果较好，合作社对贫困户具有正向的增收效应；DID平行趋势检验的结果表明，样本贫困户的收入在政策实施后呈现出先降后升的趋势，总体趋势是上升的；ESR结果表明，合作社的增收效应对于现有合作社成员更明显，现有非合作社成员即使加入合作社，收入的增加也并不十分明显。

5 收入异质性下的合作社增收效应分析

我国农村经济的持续快速发展使得农村居民的收入水平不断提高，与此同时，农村居民收入差距也呈现扩大趋势。到 2019 年，我国农户人均可支配收入的高、低收入相差 10.35 倍，而在 2013 年为 7.41 倍，差距在不断增大，要重视农村内部收入不平等现象。同样，在国家多维帮扶手段下，精准扶贫政策实施期间贫困户的收入增速快，但也存在收入差距增大的问题。PSM-DID 估计的是自变量对因变量条件期望的边际效果，只能反映合作社对贫困户收入的“平均”影响，无法解释对贫困户收入差距的影响。为了进一步分析合作社对贫困户收入差距的影响，可以运用分位数双重差分估计（QDID）来评价合作社在不同收入水平上的增收效应。

同时，虽然我国在总体上实现了“两不愁、三保障”，但深度贫困地区整体发展水平偏低，脱贫不稳定户自我发展能力较弱，存在生计脆弱性、收入不稳定、政策性收入占比高等问题，仍有相当一部分脱贫人口的收入增长依赖政策帮扶，具有较高的返贫风险[11]。可以运用分项收入双重差分估计来评价合作社对于贫困户不同分项收入的增收效应。

本章评价收入异质性下的合作社增收效应。考虑不同收入水平和不同收入来源，使用匹配后的随机分组样本，对不同分位数水平的收入进行 DID 估计，分析合作社对不同收入水平的贫困户的增收作用；对不同分项收入进行 DID 估计，分析贫困户加入合作社后不同来源收入的增长变化；通过替换核心解释变量进行稳健性分析，对分项收入进行分位数 DID 估计，验证结果的鲁棒性。分析结果回答了“贫困户加入合作社后收入差距是否会增大”“合作社对哪一个分项收入的增收作用更显著”等问题。

5.1 细分收入增长的分析框架

从不同收入水平、不同分项收入两个方面分析合作社的增收效应，并用分项收入替换总收入来进行稳健性分析。

5.1.1 分位数双重差分估计方法

DID 能求出政策冲击对结果变量均值的影响，但无法评估各个分位点上政策冲击的具体影响。运用分位数 DID（QDID）进行政策评估，既能消除极端值的影响，也能从多个分位点对政策效应进行更为合理和全面的分析[249]。

Bonhomme、Sauder[250]对分位数 DID 方法识别问题进行了探讨。Callawa、Yu[251]研究了基于面板数据的 QDID 方法识别问题。Bosco[252]使用分位数回归来评估贫困决定因素对扶贫的影响，发现实施共同欧盟反贫困政策应考虑跨国四分位的差异，避免“一刀切”理念。国内利用该方法进行政策评估的文献相对较少，彭飞[253]运用 QDID 方法分析了捐赠抵税政策对不同捐赠规模企业的异质性效应。

本章运用分位数 DID 模型，在已有文献的基础上，分析合作社对不同分位数点的贫困户收入增长的影响，为其提供了微观的实证证据。分位数 DID 回归方法结合了分位数回归模型与 DID 模型。由 DID 模型计算出的变量回归系数估计值来自普通最小二乘法的残差平方和，当样本数据出现偏差时，估计结果会受到极端值的影响。分位数回归采用加权最小二乘法，τ 为回归超平面上方残差平方和的权重，$1-\tau$ 为回归超平面下方残差平方和的权重，损失函数为两者之和，用公式表示为：

$$Loss = \frac{1}{n}\left[\sum_{y_i \times y_j} \tau(y_i - \hat{y}_i)^2 + \sum_{y_i < y_j}(1-\tau)(y_i - \hat{y}_i)^2\right] \tag{5-1}$$

最小化公式（5－1）可计算出各个变量在 τ 分位点上的回归系数。

5.1.2 分项收入双重差分估计方法

根据国家统计局发布的数据，2010 年我国农村居民人均财产性收入为 202.25 元，在人均总纯收入 5 919.01 元中仅占 3.42%；2019 年全国居民可支配收入中，财产性收入占 8.52%。这表明，经历近十年的发展后，我国农村居民的财产性收入依然处于较低的水平。

近 10 年来，我国农村居民转移性收入的绝对数额与相对比例都有较大幅度的提高。2019 年农村居民人均转移性收入达到 1 775 元，其中大部分为公共转移支付性质的各种政府补贴收入，达到 1 486 元；私人转移支付数额较少，为 289 元。在政府补贴收入中，最多的一项（社保收入）达到了 908 元，包括种植业补贴、养殖业补贴、生产资料购置补贴、土地流转补贴、退耕还林补贴等在内的各种农业补贴为 429 元，其他政策性补贴为 149 元。农村居民得到的各种政府补贴收入占其全部转移性收入的 83.72%和全部收入的 8.55%。多年来我国政府不断努力完善农村社会保障体系，实现基本公共服务均等化，持续加强支农、惠农政策，对广大农民群众增收产生了显著的效果。现有研究关注农户的收入来源构成，部分学者认为农民收入来源由以农业收入为主转向来源形式多样化，其他形式收入在农民纯收入中的比重日益上升，可以通过研究收入结构的变化特点和收入来源的差异，寻找农民增收的最佳途径[28][29]。

在精准扶贫实践中，存在政策性脱贫现象，部分脱贫户收入增长主要来源于转移性收入，一旦失去政策支持或者政策支持力度减弱，此类脱贫户极容易返贫。长期的政策支持还会导致贫困户出现消极依赖心理，出现“养懒汉”的情况。从可持续生计角度来看，贫困户通过自身发展获得的收入增长才有可能长效。由于影响数据变化的因素有很多，不能简单地只看一个总体效果，要拆分每一种收入的影响效果，估计分项收入的增长效果，才能更加精准地定位到具体问题。

农户家庭人均收入通常由工资性收入、生产经营性收入、转移性收入、财产性收入构成，工资性收入指农户的劳动报酬收入，经营性收入指的是农户经营农业收入和家庭经营二、三产业的收入，转移性收入包括农户获得的计划生育金、低保金、特困供养金、养老保险金、生态补偿金等国家转移性收入，财产性收入指的是农户的资产收益，如土地租金、农用机械租金收入等。本章分别对四项分项收入进行双重差分估计，分析不同收入来源的实际增长情况，找到合作社增收的增长点和短板，探寻合作社增收的具体路径。

在“4.2.2 双重差分模型与假设”中，已经详细分析了进行DID估计需要满足的随机性假设、同质性假设和平行趋势检验的条件，在此不赘述。

5.1.3 样本说明

用倾向得分匹配方法计算对照组和实验组的倾向得分，根据倾向得分匹配出的两个对照组消除了组间异质性，可以被视为是随机和同质的，满足了样本随机性假设和同质性假设。本章所使用的数据样本为“4.3.2 匹配后的合作社增收效应”中倾向得分匹配后的数据集。如表4-9所示，政策冲击前和冲击后样本数量分别为834户和822户，其中处理组458户，对照组1 198户。

5.2 分位数双重差分估计结果

在“4.3.3 平行趋势检验与增收效果评估”中，已经对样本数据进行了平行趋势检验，因此，直接用表4-11中的模型2，继续采用分位数回归双重差分进行估计[254]。估计结果如表5-1所示。

表5-1 双重差分估计与分位数双重差分估计结果

变量	2018年家庭人均年收入		0.25分位数点	0.50分位数点	0.75分位数点
	模型1	模型2			
双重差分估计量	224.5	232.8	63*	62.1*	−159*
政策前差分值	360.8	117.3	185*	188.7	180.5
政策后差分值	585.3*	350.1	248	250.8**	21.2*
距村主干道距离		−208.9***	−175.7***	−112.5*	−251**
土家族		618.9***	432.1***	569.3***	933.6***
曾经享受过其他政策		599.9***	475.6***	225.4**	482.1*
大专及以上学历		762**	504***	717***	736.4*
人均耕地面积		49.1	−4.8	73**	186.1**
苗族		24.5	184	23.5	−224.2
外出打工人数		62.8	37.4	160.4***	175.8
小学学历		−340.2	66.5	47.3	−381.9
家庭成员患有疾病		−413.4*	−249.8**	−438.6***	−429.6
样本量	1 656	1 656	1 656	1 656	1 656

注：*、**、*** 分别表示数据在10%、5%、1%的水平上显著。

可以看出，在0.25、0.50、0.75分位数点上，交互项的系数分别为63、62.1、－159，且均在10%的水平上显著。这表明，合作社对在不同收入分位数的贫困户的增收效用不同。其中，合作社对收入在0.25分位数点上和0.50分位数点上的贫困户具有增收作用，值约为60元；对收入在0.75分位数点上的贫困户具有负向效应，值为－159元。同时注意到，合作社的增收效应与贫困户收入分位点之间存在单调递减的趋势，收入水平越高，这一递减趋势越明显。说明合作社对于低收入水平贫困户的收入增长作用更大。

除此之外，可以看到其他因素对不同分位数点贫困户收入的影响：

（1）距村主干道距离对三个分位数点的贫困户的收入均起负向作用，说明无论收入水平高低，距村主干道距离越远，贫困户家庭收入就越低。

（2）外出打工人数对三个分位数点的贫困户的收入均起正向作用，说明无论处于哪一收入水平，家庭外出打工人数越多，贫困户家庭收入就越高。

（3）家庭成员患有疾病对三个分位数点的贫困户的收入均起负向作用，说明任何收入水平的贫困户，家庭成员患病都会对家庭收入产生负面影响。

（4）曾享受过其他政策对三个分位数点的贫困户的收入均起正向作用，说明无论贫困户处于哪一收入水平，曾享受过国家政策会有助于贫困户收入增长。

（5）人均耕地面积对0.25分位数点上的贫困户的收入影响为负，对0.5分位数点和0.75分位数点上的贫困户的收入影响为正，说明低收入水平的贫困户拥有的耕地面积越多，家庭收入越低；高收入水平的贫困户拥有的耕地面积越多，家庭收入越高。

（6）学历方面，家庭最高学历为大专及以上对三个分位数点的收入均起正向作用，对处于0.75分位数点的贫困户的增收效应最大；家庭最高学历为小学学历对处于0.25和0.5分位数点的贫困户的收入起正向作用，对处于0.75分位数点的贫困户的收入起负向作用。这一结果表明高学历对高收入水平贫困户的收入起正向作用，低学历对低收入水平贫困户起正向作用。

（7）民族方面，土家族对三个分位数点贫困户的收入均起正向作用，对处于 0.75 分位数点的贫困户收入的正向效应最大；苗族对 0.25 分位数点和 0.5 分位数点的贫困户的收入起正向作用，对 0.75 分位数点的贫困户的收入起负向作用，这一结果表明土家族的贫困户收入水平较高于苗族贫困户的收入水平。

总的来说，农户外出打工（外出打工人数）和政策参与度（曾享受过其他政策）对贫困户收入起正向作用；家庭成员患病和偏僻的地理位置（距主干道距离远）对贫困户收入起负向作用；人均耕地面积对高收入群体的收入增长起正向作用；高学历对高收入水平贫困户的收入起正向作用，低学历对低收入水平贫困户起正向作用；不同民族贫困户的收入水平存在差异。

5.3 分项收入双重差分估计结果

5.3.1 平行趋势检验与增收效果评估

由于因变量由“2018 年贫困户家庭人均年收入”变为“2018 年贫困户家庭人均年收入的分项收入”，即工资性收入、生产经营性收入、转移性收入和财产性收入，需要重新进行平行趋势检验。与“4.3.3 平行趋势检验与增收效果评估”相同，同样使用样本贫困户 2013—2017 年的数据，检验样本贫困户各个分项收入的平行趋势。

设置了前期（*Before*1）、现期（*Current*）、后期 1（*After*1）、后期 2（*After*2）、后期 3（*After*3）五个时期的变量，首先生成年份虚拟变量与处理组虚拟变量的交互项。如果观测数据是政策冲击前一年的数据，*Before*1=1，否则为 0；如果观测数据是政策实施当年时，*Current*=1，否则为 0；如果观测数据是政策实施后一、二、三年的数据时，*After*1、*After*2、*After*3 分别取 1，否则为 0。由于我国建档立卡贫困户信息是从 2013 年开始统计的，在 2014 年发展合作社之前，只有一年的前期数据，因此通过增加协变量的数量，来增加结果的可信度。五个变量分别与处理组的哑变量（$TREAT_i=1$）进行交互，然后对结果变量（各分项收入）、处理变量（是否加入合作社）、协变量（距村主干道距离、民族、家庭最高学历、外出打工人数、家庭成员健康状况、是否享受过其他政策）进行回归分析，得到各变量的系数及 p 值（表 5-2）。

分析结果可知，工资性收入系数在政策实施前为正，在政策实施年略上升，在政策实施一年后出现显著上升，在政策实施后第二年又基本保持不变；财产性收入系数在政策实施前为负，在政策实施年保持不变，在政策实施后一年系数变为正，在政策实施后第二年又基本保持不变。

表 5-2 分项收入的 DID 平行趋势检验结果

分项收入		系数	τ	p>|τ|
工资性收入	是否加入合作社	194.9	2.31	0.082**
	*Before*1	449.0	0.49	0.628
	Current	536.2	8.09	<0.001***
	*After*1	860.4	12.03	<0.001***
	*After*2	860.4	12.03	<0.001***
	*After*3	0	—	
生产经营性收入	是否加入合作社	−1 744.3	−20.38	<0.001***
	*Before*1	2 155.6	14.00	<0.001***
	Current	931.6	11.70	<0.001***
	*After*1	1 790.6	13.32	<0.001***
	*After*2	1 790.6	13.32	<0.001***
	*After*3	0	—	
转移性收入	是否加入合作社	−178.8	−3.42	0.027**
	*Before*1	186.9	12.35	<0.001***
	Current	314.2	13.96	<0.001***
	*After*1	350.9	14.13	<0.001***
	*After*2	350.9	14.13	<0.001***
	*After*3	0	—	
财产性收入	是否加入合作社	26.2	5.65	0.005**
	*Before*1	−17.2	−2.04	0.111
	Current	−17.2	−11.50	<0.001***
	*After*1	18.0	11.68	<0.001***
	*After*2	18.0	11.68	<0.001***
	*After*3	0	—	

注：*、**、*** 表示数据在 10%、5%、1%的水平上显著。

可以看出，工资性收入和财产性收入前期（*Before*1）的系数不显著，在现期（*Current*）、后期 1（*After*1）、后期 2（*After*2）的系数均正向显著，说明工资性收入和财产性收入的样本数据满足双重差分模型的平行性检验，实验组和对照组是可以进行比较的。而生产经营性收入和转移性收入的前期系数不显著，没有通过平行趋势检验。

更多的分析结果如表 5-3 所示。分析实证结果可知：

（1）工资性收入和财产性收入的双重差分估计量分别为 194.9、26.2，分别在 10%、1%的水平上显著。说明加入合作社使得贫困户的家庭人均工资性收入和财产性收入分别增加了 194.9 元和 26.2 元，合作社对贫困户家庭的工资性收入和财产性收入起显著正向作用。

（2）生产经营收入和转移性收入的双重差分估计量为－1 744.3、－178.8，皆不显著。说明加入合作社对于贫困户家庭人均收入中的生产经营性收入和转移性收入的正向作用不明显。

观察表 5-3 中协变量的系数，可以看到贫困户家庭外出打工人数越高，工资性收入越高（系数为 862，1%的水平上显著），生产经营性收入越少（系数为－370.3，1%的水平上显著），转移性收入越低（系数为－660.2，1%的水平上显著），财产性收入也越少（系数为－21.3，1%的水平上显著）。能够通过外出打工赚取工资性收入来提高家庭收入，家庭成员外出打工人数越多，从事生产经营性活动就越少，生产经营性收入就较少。如果家庭成员患病，会影响外出打工的人数，进而影响工资性收入，但有成员患病家庭的转移性收入较高（系数为 428.，1%的水平上显著）。

结合发展实际，我国对贫困户实施的各项帮扶措施比较全面，具有不同家庭禀赋的贫困户都能够建立符合家庭特征的生计策略，如外出打工、开展农业生产经营、入股合作社、国家政策补贴等，多样化的生计策略有助于具有不同生计资本特征的贫困户都能顺利脱贫。从全国范围来看，农村居民收入的主要来源为工资性收入和转移性收入两大类。工资性收入多是外出打工所赚取的，转移性收入多来自国家的各项保障政策。对于贫困户而言，工资性收入较低，转移性收入基本上是稳定的，劳动力不足的贫困户主要增收渠道是生产经营性收入和财产性收入。国家产业扶贫的初衷，正是通过发展农村产业，提高贫困户的生产经营性收入和财产性收入，为贫困户建立起可持续生计，使得贫困户即使不外出打工，也可以赚取较高的收入。

还能看到，武陵山区贫困户之间存在的民族差异性，土家族农户工资性收入（与汉族和苗族相比）较高（系数为 823.1，1%的水平上显著），而苗族农户生产经营性收入较高（系数为 340.4，1%的水平上显著）。结合 4.3.1 中分析得出的贫困户选择加入合作社行为倾向的民族差异性，笔者认为武陵山区的不同民族贫困户之间的脱贫路径存在差异。

表 5-3 分项收入双重差分估计结果

变 量	2018 年家庭人均年收入分项收入			
	工资性收入	生产经营性收入	转移性收入	财产性收入
双重差分估计量	39.7 (0.919)	426.21 (0.064*)	212.98 (0.39)	140.4 (0.03**)
政策前差分值	37.8 (0.904)	−299.6 (0.084*)	207.9 (0.266)	−122.9 (0.078*)
政策后差分值	−1.8 (0.994)	126.6 (0.418)	420.9 (0.016**)	17.458 (0.330)
距村主干道距离	100 (0.21)	−87.9 (0.069*)	27.9 (0.637)	44.8 (0.001***)
土家族	823.1 (0.001***)	−233.2 (0.029**)	−68.9 (0.652)	−10.8 (0.800)
曾经享受过其他政策	425.5 (0.014**)	524.6 (0.001***)	−173.4 (0.155)	−46.2 (0.056*)
大专及以上学历	212.2 (0.466)	368.6 (0.048**)	123.5 (0.292)	−27 (0.218)
人均耕地面积	90.9 (0.025**)	−16.1 (0.725)	21.2 (0.575)	−4.9 (0.734)
苗族	−212.4 (0.276)	340.4 (0.008***)	−80.4 (0.573)	−58.4 (0.087*)
外出打工人数	862 (0.001***)	−370.3 (0.001***)	−660.2 (0.001***)	−21.3 (0.069*)
小学学历	−729.8 (0.001***)	7.899 (0.949)	195.2 (0.190)	−6.4 (0.856)
家庭成员患有疾病	−1.1E+83 (0.001***)	310.5 (0.005***)	428.8 (0.001***)	50 (0.043**)
样本量	1 656	1 656	1 656	1 656

注：*、**、*** 分别表示数据在 10%、5%、1%的水平上显著。

5.3.2 稳健性检验

分析分项收入 DID 的估计结果可知，加入合作社对贫困户的工资性收入有显著的提升。由于只有工资性收入和财产性收入通过了平行趋势检验，选择工资性收入替代总收入进行分位数 DID，进行稳健性分析。把工资性收入分位数 DID 估计与总收入分位数 DID 估计的结果进行对比（表 5-4）。

具体来说，在 0.25、0.50、0.75 分位数点上，交互项的系数分别为 59.4、−113.2、−317.1，且均在 10%的水平上显著。这表明，合作社对不同工资性收入分位数贫困户的增收效用不同。其中，合作社对工资性收入在 0.25 分位数点的贫困户的增收效应约为 60 元；对工资性收入在 0.5 和 0.75 分位数点贫困户的收入具有负向效应，分别为−113.2 元、−317.1 元。对比可知，加入合作社后，工资性收入处在 0.25、0.5、0.75 分位数点的贫困户，收入增长呈递减趋势，这一趋势与总收入的变化趋势一致。说明分项收入 DID 估计结果具有鲁棒性。

表 5-4 稳健性分析结果汇总

收入类型	收入类型	0.25 分位数点	0.50 分位数点	0.75 分位数点
总收入	双重差分估计量	63*	62.1*	−159*
	政策前差分值	185*	188.7	180.5
	政策后差分值	248*	250.8**	21.2*
工资性收入	双重差分估计量	59.4*	−113.2*	−317.1*
	政策前差分值	279.5*	375.5*	516.1*
	政策后差分值	338.9*	262.3	199.0*
样本量		1 656	1 656	1 656

注：*、**、*** 分别表示数据在 10%、5%、1%的水平上显著。

5.4 实证结果讨论

5.4.1 合作社对低收入水平贫困户的增收效应更显著

对武陵山区的样本贫困户的家庭人均年收入和家庭人均年工资性收入

分别进行分位数双重差分估计，结果表明，无论是总收入还是工资性收入，合作社都对收入水平较低的贫困户具有正向增收效应。这与“4.3.4 特征变量选择与反事实结果推断”中的结论“合作社对‘赚钱能力’较差的贫困户增收作用更明显”一致，再次论证了精准扶贫政策实施期间我国的合作社更具有“益贫性”。

5.4.2　合作社增收效应体现在工资性收入和财产性收入方面

分项收入双重差分估计结果表明，合作社能够增加贫困户的工资性收入和财产性收入。对于工资性收入来说，根据工资性收入分位数双重差分估计结果可知，低收入水平的贫困户更容易通过合作社实现工资性收入的增长，而高收入水平的贫困户加入合作社后工资性收入反而出现负增长。

这一结论符合笔者在实地调研中获得的认知，现有合作社大部分都是农业产业合作社，通过土地流转实现规模化种植，贫困户可以获得土地租金和入股分红，这一收入属于财产性收入。由于合作社多数处于发展的初级阶段，分红收入并不多。工资性收入通常指的是本地务工或外出务工的收入，低收入水平的贫困户是贫困户中更贫困的群体，自身发展能力偏弱，缺少增加收入的渠道。国家在合作社和贫困户之间建立了利益联结机制，要求合作社吸纳贫困户入社就业，帮助就业困难的贫困户获得就业岗位，从而赚取工资性收入。合作社的岗位往往由贫困程度更深的贫困户优先获得。

总的来说，虽然合作社能够促进贫困户增收，但合作社的增收效应在高低收入群体之间分布不均衡，造成了贫困户群体的“内部不平等”。因此，在乡村振兴的实践中应当考虑如何实现农户之间的均衡发展。

5.5　本章小结

本章在 PSM-DID 估计的基础上，运用经 PSM 匹配后生成的随机分组样本，分别对不同分位数收入、不同分项收入进行 DID 估计，更准确地评估合作社对贫困户收入增加的具体效应，并通过替换核心解释变量进行稳健性分析。分位数双重差分估计结果表明合作社对收入处于低分位数点的贫困户，即“低收入水平”群体的增收效应更明显；合作社的增收效应，随着收入水平增长呈递减趋势；分项收入双重差分结果表明合作社对贫困户家庭的工资性收入和财产性收入起显著正向作用；对贫困户家庭经营性收入和转移性收入的正向作用不显著。要考虑如何消除内部不平等，实现农户之间的均衡发展。

6 生计资本异质性下的合作社增收效应分析

受资源环境、地理条件、个体差异等因素的影响，我国农村区域经济发展不平衡和农村人口发展不平衡的问题长期存在。精准扶贫政策实施以来，农村贫困人口从开发式扶贫中受益颇多，但从发展实践和理论研究成果来看，由于个体在资源禀赋、获得能力等方面存在差异，不同人群加入合作社后获利并不相同，这种不平衡有可能阻碍合作社的长效发展，对产业发展也会产生影响。可持续生计资本框架涵盖了能够全面评价贫困户家庭资源禀赋的多维指标。

本章根据不同生计资本类型的贫困户加入合作社后的收入增长差异，思考“合作社对生计资本异质性社员的增收路径是否存在差别”“哪些人群更应该加入合作社”的问题，构建“生计资本类型”指标体系，考虑不同生计资本类型贫困户的差异性特征，厘清加入合作社、生计资本提升与贫困户收入提升的内在逻辑关系，进一步分析生计资本影响合作社对贫困户增收的机理。方法选用上，首先采用主成分分析法、熵权法、聚类分析法对贫困户进行生计资本分类，然后分析生计资本类别对于合作社增收效应的调节作用，探究合作社对于不同生计资本类型贫困户增收作用的具体影响，最后运用多水平模型进行稳健性分析。

6.1 基于生计资本异质性的分析框架

合作社社员包括贫困户和非贫困户，非贫困户涵盖普通农户、能人和种养大户，贫困户涵盖因病、因残、因学、缺技术、缺资金、缺劳动力等致贫原因的贫困户，不同类型的农户生产经营能力不同、风险承受力不同、家庭生计资本构成不同，即农户之间存在着天然的异质性。

部分学者认为组织成员异质性会导致不平等现象，资源会倾向“精英团体”[255]。组织核心成员掌握大部分权力，普通成员利益容易受到损害。消费主义价值观影响了村庄社会的治理生态，村庄社会网络逐渐利益化，乡土精英角色从“保护型”向“营利型”转变[256]，行为逐渐疏离公共利益，趋向强势群体的利益，造成“精英俘获”，出现扶贫资源偏离、项目实施错位[48]、民主评议虚设[257]等问题。也有部分学者认为合作社的普通成员容易产生“搭便车”的思想，在贡献率不高的情况下享受收益，导致组织运营效率降低。要想准确探测合作社对于贫困户的增收效应，就要区别贫困户的不同类型，了解合作社对哪部分群体作用更明显，需要强化对哪些群体的影响。

国际反贫困研究认为贫困的根源是收入不平等，贫困表现为能力缺乏、文化落后、制度限制、权利剥夺、环境脆弱等，应该从可持续发展理论、可行能力理论等方面关注贫困治理的长效性[138]。英国国际发展署提出可持续分析框架（SLA），在家庭脆弱性与生计资本之间建立分析关系。张耀文、郭晓鸣[162]认为脆弱性脱贫结果表现为生计资产不足、生计能力欠缺、极易返贫。李棉管[258]、赵雪雁[259]、吕方[260]认为可持续生计框架为国内研究和解决农村贫困问题提供了规范化的框架，能够评价农户家庭生计资本和生计可持续性，前瞻性地测度贫困的脆弱性，帮助实现生计策略的合理化和多样化，促进农户个体的可持续发展。代表性成果如表 6-1 所示。

生计资本是可持续生计框架的核心，涵盖贫困人口摆脱贫困和生存发展的全部资本。Obrist B.[273]将生计资本分为自然资本、人力资本、物质资本、社会资本和金融资本五类。多个因素影响农户生计稳定性；生计资本在代际存在传递性，这也是生计资本能否可持续的主要因素；产业能够改变农户的生计资本和生计策略，降低农户生计脆弱性；生态环境保护与生计策略选择之间存在相互影响，要形成生计资本与生态保护的良性循环。

已有研究大多从生计资本、生计结果、生计策略等方面评估可持续生计，较少对农户生计资本异质性进行综合评估。楼栋、孔祥智[82]认为合作社成员的异质性特征主要来源于农户加入合作社之前家庭生计资本的异质性，表现为不同的资源禀赋。徐旭初、吴彬[83]基于生计资本框架提出合作社的不同参与主体在加入合作社之前存在的资源禀赋异质性，表现为自然资本资源、金融资本资源、人力资本资源和社会资本资源的差异。本章基于生计资本框架，通过对农户生计资本综合特征值进行计算，对人群进行异质性分类。

计算农户生计资本综合值属于综合评价问题，许多学者采用层次分析法（AHP）、理想点法（TOPSIS）、模糊综合评价法、关联评价法、数据包络分析法（DEA）等进行综合评价，此类方法都需要主观赋权，结果偏主观。相比较而言，主成分分析法、灰色关联分析法等是根据数据做出评价，客观性更强。其中，主成分分析法能够减少指标相关性问题。

本章采用主成分分析法，首先提取自然资本、人力资本、金融资本和社会资本四个维度指标集的主成分，并计算出各主成分的贡献率（权重），同时用熵权法计算各主成分的权重，两个权重求平均值得出最终的权重，根据最终权重将各个主成分合为一个指标，即农户的生计资本综合特征值。其次，根据生计资本综合特征值对农户进行分类，进而考虑生计资本类型的调节效应，深入探讨合作社对不同生计资本类型贫困户的收入增长作用。最后，运用多水平模型对调节效应结果进行稳健性分析。

表 6-1　可持续生计研究代表性成果

研究主题	研究内容	代表研究
生计资本可持续性	生计资本、生计策略和生计结果的作用与反作用关系，并由此形成一个农户生计循环动态过程	Paul，2020[181]；苏飞，2016[261]；何仁伟，2013[262]；陈相凝，2017[263]
生计资本代际可持续性	生计资本与代际可持续性能够构建生计可持续指数；较高的非农收入并不总是与较高的生计可持续性相一致；代际可持续性是农村家庭长期生计分异的主要原因	Wang，2016[264]；刘玲，2019[265]；李小云，2018[128]
可持续生计效益评价	旅游产业能够改变农户生计资本的储量、质量和配置组合状况，对农户生计资本和生计策略有重要影响；产业发展可以改变农户生计资本组合，促进生计多样化发展，从而增强农户发展能力，降低生计脆弱性	席建超，2016[266]；刘玲，2018[267]
生态保护与生计转型	利用可持续生计框架对农户进行生计综合评估，农户生计策略对生态环境影响重大；实施生态保护政策会重构农户生计资本；生态保护使得农户生计转型，生计风险、生计结果会相应发生变化	Soltani，2012[178]；曹诗颂，2015[268]；王凯，2016[269]；刘伟，2018[270]；赵雪雁，2013[271]

（续）

研究主题	研究内容	代表研究
生计动态转换	因能力、教育、环境等原因致贫的贫困户在脱贫后生计稳定性较好；精准脱贫政策有助于贫困户降低生计可持续风险率	汤青，2013[182]；孙晗霖，2014[163]；贺爱琳，2014[272]

6.2 生计资本分类模型与方法

本书用主成分分析法、熵权法和聚类法对样本进行生计资本分类。

6.2.1 主成分分析法

在可持续生计资本框架下，通过主成分分析法（Principal Component Analysis，PCA）提取指标主成分，降低贫困户生计资本指标的维度，计算贫困户生计资本的综合值[274]。若加入贫困户样本数为 n，贫困户的生计资本指标有 m 个，那么：

$$\boldsymbol{X}_{ij}=\begin{bmatrix} X_{11}, & X_{12}, & \cdots, & X_{1m} \\ X_{21}, & X_{22} & \cdots, & X_{2m} \\ \cdots & \cdots & \cdots & \cdots \\ X_{n1}, & X_{n2}, & \cdots, & X_{nm} \end{bmatrix} \tag{6-1}$$

其中，X_{ij} 表示第 i（$i=1, 2, \cdots, n$）个贫困户的第 j（$1, 2, \cdots, m$）项生计资本指标赋值。为了消除原始数据的不同量纲，统一数据性质，让数据具有可比性，在计算综合指标前，需要标准化处理各项指标的数据值，以便进一步测评：

$$X'=(X_j-\overline{X_J})/\sqrt{D(X_j)} \tag{6-2}$$

其中，$\overline{X_J}$ 为第 j 项生计资本指标的均值，$\sqrt{D\ (X_j)}$ 代表第 j 项生计资本指标的标准差。不同生计资本间可能存在相关关系，运用主成分分析法对原始数据降维，消除原始变量之间的相关关系，生成不相关的新变量。根据各指标之间的相关关系，得到主成分集合 Z，包括 h 个主成分，假设主成分 Z'_g 的得分用 F_g 表示。

$$F_g = \sum\nolimits_j^8 \Lambda_{gj} Z'_g \tag{6-3}$$

其中，F_g 表示第 g 项主成分的得分；Λ_{gj} 是第 g 项主成分第 j 项指标的载荷。根据公式（6-1），计算得出相关系数矩阵，其特征值为 λ（$\lambda_1 \geqslant \lambda_2 \geqslant \lambda_3 \geqslant \cdots\cdots \geqslant \lambda_j$），那么主成分的贡献率，即主成分的权重可以表示为：

$$Y_g = \frac{\lambda_g}{\sum_{k=1}^{j} \lambda_k} \tag{6-4}$$

确定主成分时，可以遵循数据变异最大原则、最小而成原则、对数变量系数最佳综合表现原则等。本书遵循百分比准则来确定主成分，即基于主成分的累积贡献率选择主成分个数。本书确定的主成分积累贡献率边界为 90%。

6.2.2　熵权法

可以通过计算熵值来判断指标的离散程度，并据此来确定指标的权重。

第一，要对主成分 F_g 进行非负化运算，目的是消除数据的异方差。运算公式为：

$$f'_{ig} = \frac{F_{ig} - \min(F_{1g}, F_{2g}, \cdots, F_{ng})}{\max(F_{1g}, F_{2g}, \cdots, F_{ng}) - \min(F_{1g}, F_{2g}, \cdots, F_{ng})} + 1 \tag{6-5}$$

第二，根据 f'_{ig} 计算贫困户个体 i 的指标权重 Υ_{ig}，即第 i 个贫困户的第 g 个主成分值占所有样本的该主成分数值的比重。

$$\Upsilon_{ig} = \frac{f'_{ig}}{\sum_{i=1}^{n} f'_{ig}} \tag{6-6}$$

第三，根据样本指标权重计算信息熵和价值系数（公式 6-7）。

$$e_g = -q \sum_{i=1}^{n} (\Upsilon_{ig} \times \ln \Upsilon_{ig}) \tag{6-7}$$

其中常数 $q = 1/\ln n$。信息熵价值系数 $d = 1 - e_g$。最后，根据 d 的值计算每个指标的权重 $w'_g = d_g / \sum_{g=1}^{h} d_g$，其中，$h$ 是主成分的数量。权重的值 $W = \frac{Y_g + w'_g}{2}$，贫困户的资源禀赋综合得分 $P = \sum_{i=1}^{n} W_{ig} F_{ig}$。

6.2.3　聚类法

运用聚类分析方法能够将研究对象划分为不同的组别。应用最多的聚类方法之一是 K 均值算法。本书选用 K 均值算法对 872 个样本贫困户的生计资本特征进行分类。根据随机选取的类型的欧式距离对所有数据进行聚类，经过多次重复聚类迭代至类型不再改变为止，数据便被划分为 K 个组。每个组应至少包含一个数据，每个数据只能属于一个组（$K \leqslant n$）。

6.3 贫困户生计资本分类

6.3.1 指标体系构建

本研究从生计资本视角出发，探讨贫困户生计资本的分类指标。

（1）人力资本。 人力资本是指组织成员所具有的技术、才能、阅历、体能等能够为组织创造价值的特征集合。人力资本缺乏是导致贫困产生的本质原因，也是贫困特征的重要表现。我国识别的贫困户的致贫原因中，因学、因病、因残、缺劳力、自身发展动力不足等致贫原因的本质都是人力资本不足。由于贫困户欠缺基本发展能力或发展机会，无法通过人力资本来提升家庭财富。合作社成员在技术、才能、阅历、体能等方面的差异，使得合作社成员异质性明显。现有研究中，用来衡量贫困户家庭人力资本的主要指标有教育水平、劳动力数量、从业状况、健康状况、风险偏好等。代表性成果如表 6－2 所示。

表 6－2　人力资本减贫研究的主要代表性成果

研究主题	主要结论	研究方法	代表成果
受教育水平对贫困的影响	农村职业教育能够显著增加农户家庭收入；儿童早期教育质量不足导致贫困家庭人力资本先天落后；文化水平较高的农户为合作社创造的价值更大	平均处理效果模型；多元线性回归模型	周亚虹，2010[275]；Luo，2012[276]；李明贤等，2016[277]
家庭成员健康状况对贫困的影响	在适合机械化耕作的地区，健康有助于增加农户农业生产经营收入；农户初始健康状况与收入存在良性循环	OLS 线性回归模型；联立方程组回归模型	俞福丽，2015[278]；苑会娜，2009[279]
劳动技能培训对贫困的影响	技能培训显著增加农户的非农收入；相较于社会培训，企业组织的培训更能提升外出务工人员收入；外出务工人员收入随着培训时长增加呈边际递减	Mincer 工资回归方程；联立方程组回归模型	Wang，2010[280]；李实，2015[281]；张世伟，2015[282]
医疗和教育支出对贫困的影响	医疗和教育支出会导致暂时性贫困，有效消除致贫原因可以防止贫困转变为长期贫困	描述性统计分析	Gustafsson，2004[283]

受教育水平能够反映农户的才能和阅历，受教育水平越高，农户在劳动力市场上获得非农就业机会的概率越大，农户家庭收入也就会越高。因此，教育扶贫是国家提升贫困户自身发展能力、阻断贫困代际传递的根本途径。良好的健康状况同样能提高农户的政策参与率及非农就业机会，增强农户劳动生产效率，减少贫困的发生。劳动者技能也是人力资本的重要体现，较高的劳动技能有助于农户获得就业机会或者在同等的就业条件下获取较高的劳动报酬，技能培训对农户的农业生产经营收入和非农收入都有正向作用。

(2) 自然资本。自然资本是在一定条件下具有经济价值的，农户生计所依赖的土地资源、生物资源、环境资源等自然生态资源要素的总和。贫困地区多处于自然环境恶劣的地区，自然灾害频发、耕地资源和水资源质量较差，贫困程度深、贫困脆弱性强。对自然资本的研究，多关注生态环境可持续发展，即如何通过提高自然环境的质量和利用效率减少贫困的发生。主要成果如表 6－3 所示。

表 6－3　自然资本减贫研究的主要代表性成果

研究主题	主要结论	研究方法	代表成果
自然资源对贫困的影响	生计资本缺乏、谋生能力较弱的农户高度依赖免费的自然资源，造成自然资源退化；贫困与脆弱的自然环境互为因果	列联表分析法；GLS 法；线性回归分析	程宝良，2009[284]；Soltani，2016[179]；Nguyent，2015[285]
自然灾害对贫困的影响	自然灾害加大了农户生计的脆弱性；自然灾害威胁农户的财产和人身安全，低收入农户极易陷入贫困；陷入灾难贫困的农户很难恢复生计	描述性统计方法	庄天慧，2010[286]；Carter，2007[287]；Leichenko，2014[288]
生态脆弱性与贫困	连片特困地区脆弱生态环境与贫困高度共生；地区生态环境保护对于减少贫困有正向作用；连片特困地区较难摆脱生态恶化对贫困的负面影响	SRP 概念模型；GLS 法	曹诗颂，2016[268]；郑双怡，2015[289]；Liu，2007[290]；Fitzpatrick，2004[291]

合作社的经营与发展离不开自然资本，尤其是土地资源。土地资源对农户来说并不稀缺，是大部分人都拥有的资源，也是多数农户入股合作社时投入的主要成本，农户拥有的土地数量和土地质量的差异，导致农户参与合作社利润分配时存在差异。通常情况下，在其他资本基本一致的情况

下，入股更多土地资源的农户，会参与更多合作社的活动，会更关心合作社的经营状况，也会享受到更多的利益分配。

（3）物质资本。物质资本涵盖基础设施、生产资料、公共服务等有形物质条件与无形物质条件。我国贫困地区交通、通信、水利、饮水、卫生等基础设施和公共服务较为落后，不利于贫困地区和贫困个体的发展，良好的基础设施和公共服务有助于加速贫困户脱贫。物质资本层面贫困治理研究的代表性成果如表 6-4 所示。

表 6-4　物质资本减贫研究的主要代表性成果

研究主题	主要结论	研究方法	代表成果
基础设施建设对贫困的影响	农村道路建设有利于增加本地非农就业机会和农户家庭收入；季节性饮用水缺乏会对农户非农务工产生负向作用	Logistic 回归分析；双重差分估计	Qiao，2014[292]；王兴稳，2012[293]
基础设施减贫效果的差异性	增加基础设施数量和质量改进对农户的作用不同	主成分分析	郭劲光，2009[294]
公共服务与基础设施投资对贫困的影响	政府在公共服务和基础设施领域的投入，有助于缓解农村贫困；在山区，农村公共服务投资规模有限，对农户的增收效果不显著	分位数回归；联立方程模型	樊胜根，2002[295]；曾小溪，2012[296]；徐定德，2016[297]

精准扶贫政策实施以来，全国范围内已经实现了村村通公路、通电、通饮用水。虽然基础设施和公共服务质量还不高，如道路等级与产业发展所需运输条件存在差别，农村卫生所与乡镇医疗机构的医疗水平较低，农户生活消费对新能源的获得和使用机会较少等，但调研发现，国家通过各项政策措施不断提高贫困地区的基础设施建设水平，农户享受到的基础设施和公共服务与城镇居民之间的差距在逐渐缩小。在同一区域内，农户所享受到的基础设施和公共服务是高度同质的，因此，本研究中不把“物质资本”作为农户异质性分类指标。

（4）金融资本。金融资本指的是农户实现可持续生计所依赖的各种资金，涵盖自有资金、借款、贷款等各类资源。缺乏金融资本会限制农户的生计选择，农村金融通过提高贫困人口获得金融服务的便捷性和有效性，帮助贫困人口缓解资金对发展的制约，直接减少贫困的发生。发展农村金融还有助于农村经济增长，通过“涓滴效应”间接缓解贫困的发生。代表性成果如表 6-5 所示。

表 6-5 金融资本减贫研究的主要代表性成果

研究主题	主要结论	研究方法	代表成果
农村金融发展的作用	发展农村金融通过直接和间接作用减缓贫困；金融波动会抵消金融发展的减贫效果	固定效应模型	丁志国，2011[298]
小额贷款对贫困的影响	小额贷款能够缓解贫困户信贷难的问题；小额贷款有助于农户通过发展产业增加收入；对于贫困程度较深、贫困脆弱性较高的农户，小额贷款的作用有限	双重差分模型；双变量 Probit 模型	Li，2011[299]；程恩江，2010[300]
不同金融扶贫模式的差异	金融扶贫模式作用于不同类型的贫困户时，作用机理不同；金融扶贫的覆盖范围、资源调动量在不同地区存在差别；识别金融扶贫作用效果较好的群体，能够增强减贫效应	定性分析；动态模型	杨云龙，2016[301]；崔艳娟，2012[302]

小额信贷作为金融扶贫的主要手段，能够缓解贫困户的资金困难，对于有创业意愿和创业能力的贫困户而言，小额贷款能够帮助他们解决缺乏创业资金的问题，助力他们参与产业发展。但是对于极端贫困人群来说，小额贷款的帮扶作用很有限。在对武陵山区贫困村和贫困户的访谈中发现，由于教育文化水平限制或者是贫困户自身能力问题，有一部分贫困户根本不知道小额贷款是什么，也弄不清小额贷款的办理流程，在村干部的宣传和讲解下，依然对小额贷款抱有怀疑和否定的态度。这说明金融扶贫模式在某些贫困地区存在盲区，政策的帮扶作用难以发挥。

（5）社会资本。社会资本是指农户自身能够利用的社会关系、人际关系等资源。农户在相互往来中会建立起相互信任、信息共享、互惠互利的非正式规范，能够把农户个体的人力资本与基础生计资本连接起来，并为农户带来潜在的收益和资源。社会资本与物质资本互补，能够增加物质资本的作用效果，家庭收入增长也有助于扩大社会资本，如此循环往复，形成稳固的经济关系和人际关系，有助于贫困户摆脱贫困。其代表性研究成果如表 6-6 所示。

人际信任来自血缘、亲缘、地缘和业缘等人际关系。农村场域中的人际信任甚至大于政治信任，往往“帮亲不帮理”。随着外出务工人口增加，农村场域的“熟人社会”正在逐渐瓦解，尤其是年轻一代农户的关系逻辑绝对服从于利益逻辑，其行为选择受人际信任的影响在减弱。在武陵山区F村访谈时发现，较为明显的人际信任体现在父母与已经独立门户的孩子之间，虽然不是一个家庭单位，但家庭决策基本上是一致的，家庭以外的人际关系在调查访谈中并无特别明显的体现。

表 6-6 社会资本减贫研究的主要代表成果

研究主题	主要结论	研究方法	代表成果
社会资本对贫困的影响	社会资本有助于减轻贫困，改善农户生计；不同维度的社会资本对农户的作用具有差异性；社会资本分布不均会加大相对贫困；农户家庭社会资本回报率与收入呈正相关趋势	因子分析；结构方程；分层线性模型；分位数回归	王恒彦，2013[303]；叶初升，2011[304]；周晔馨，2012[305]
社会资本对就业的影响	外出务工人员从事具有社会资本实权的职业比从事具有高声望的职业能获得更高的经济效应；社会资本对农户获得非农就业机会的概率有重要影响；不同“关系”资本对农户非农就业产生的影响存在差异	社会资本定位法；多元线性回归	叶静怡，2014[306]；Zhang，2001[307]
宗亲网络对农户的影响	宗族网络有助于缓解村庄内部的收入差距；亲缘网络有利于农户发生借贷行为	农户迁移选择的模型；线性回归；Probit 模型	郭云南，2014[308]；杨汝岱，2011[309]

综上所述，本章从人力资本、自然资本、金融资本、社会资本四个方面构建农户异质性分类指标。其中，人力资本的分项指标有家庭成员健康状况、家庭成员最高学历、家庭劳动力个数、家庭外出务工成员个数、家庭总人口数五个指标；自然资本包括家庭耕地总面积、家庭林地面积、距村主干道距离三个指标；金融资本用农户 2014 年家庭人均收入来表征；社会资本用农户是否加入合作社、加入合作社之前是否享受过其他政策、民族三个指标来表征。家庭成员最高学历分为文盲或半文盲、小学、初中、高中、大学及以上，分别赋值为 0、1、2、3、4；家庭成员健康状况分为有家庭成员患重病或残疾、有家庭成员患病但具有基本劳动能力、健康，分别赋值为 0、1、2；是否享受过其他政策为 0-1 变量，若在加入合作社之前，享受过其他政策，赋值为 1，否则为 0；民族为 0-1 变量，土家族和苗族赋值为 1，汉族赋值为 0。

结合调研数据，得到贫困户异质性指标的统计特征（表 6－7）。由表 6－7 可知，在加入合作社前，家庭成员耕地面积均值为 8.56 亩，林地面积均值为 14.63 亩，家庭劳动力数量为 2～3 个，外出务工人数为 1～2 个，家庭人均年收入大约为 4 397 元。

表 6－7　生计资本类型与指标说明

生计资本类型	指标名称	指标度量	均值	标准差	最大值	最小值
人力资本	教育	家庭成员最高学历	2.06	0.94	4.00	0.00
	健康	家庭成员健康状况	0.57	0.61	2.00	0.00
	劳动力数量	家庭劳动力个数	2.34	1.29	6.00	0.00
	外出务工数量	家庭外出务工成员个数	1.59	1.11	5.00	0.00
	家庭人口数	家庭总人口数	2.82	1.66	9.00	1.00
自然资本	耕地	家庭耕地总面积（亩）	8.56	6.17	40.31	0.00
	林地	家庭林地面积（亩）	14.63	16.33	131.6	0.00
	地理位置	距村主干道距离	0.71	1.14	12.00	0.00
金融资本	家庭收入	2014 年家庭人均收入（元）	4 397.12	3 330.15	7 573.8	0.00
社会资本	是否加入合作社	是否加入合作社	0.28	0.45	1.00	0.00
	是否享受过其他政策	加入合作社之前是否享受过其他政策	0.46	0.50	1.00	0.00
	民族	农户的民族类型	0.69	0.46	1.000	0.000

6.3.2　变量测度的信度和效度评价

需要对变量数据进行信度和效度评价，以此来验证数据能否起代表作用。效度评价通常采用 *KMO* 检验和 Bartlett 球形检验，*KMO* 测度值通过相关系数与偏相关系数进行比较，分析进行主成分分析的必要性，只有当 *KMO* 测度值大于 0.60，同时 Bartlett 球形检验开方统计值的显著性概率 $p<0.05$ 时，才有必要进行主成分分析[310]。本书对数据和指标进行信度、效度检验的结果为：Bartlett 球形度检验的近似卡方值为 2 188.991（$p<0.001$），*KMO* 值为 0.696，说明主成分分析结果是可以接受的。

信度评价是指评价结果的可靠性，通过相同方法重复测量来判断结果的一致性。常用 *Cronbach's* α 信度系数来进行信度评价。通常情况下，若 α 大于 0.7 认为信度高，若 α 在 0.35～0.7 认为信度可以接受，若 α 小于

0.35 表示信度低。本书计算所得 α 信度系数为 0.522，信度可以接受，表明农户生计资本指标量表中的各项值之间存在一致性，说明样本数据适用于主成分分析。

6.3.3 生计资本指标赋权与贫困户分类

采用主成分分析、熵权法计算等方法对生计资本的指标进行赋权，基于生计资本得分，采用聚类方法对贫困户进行分类。

(1) 主成分分析计算结果。对生计资本各项指标进行标准化处理后，根据公式（6-2）计算相关系数矩阵及特征值，基于公式（6-3）计算主成分得分并根据公式（6-4）计算主成分的权重，最后基于所得的权重值计算累计贡献率，计算结果如表 6-8 所示。可知，主成分 Z_1、Z_2、Z_3、Z_4、Z_5、Z_6、Z_7 的特征值分别为 2.945、1.679、1.309、0.969、0.898、0.742、0.608，$Z_1 \sim Z_7$ 主成分特征值的方差贡献率分别为 29.45%、16.79%、13.09%、9.69%、8.98%、7.42%、6.08%，前 7 项主成分的累计贡献率超过了 90%，能解释 91.5%的信息，选取前 7 个主成分作为农户生计资本指标的代表。每个主成分的原始权重为 32.25%、18.35%、14.3%、10.6%、9.8%、8.1%、6.6%。

表 6-8 特征值与方差贡献率

主成分	特征值	方差贡献率（%）	累计方差贡献率（%）
Z_1	2.945	29.454	29.454
Z_2	1.679	16.791	46.246
Z_3	1.309	13.09	59.335
Z_4	0.969	9.687	69.022
Z_5	0.898	8.984	78.007
Z_6	0.742	7.423	85.429
Z_7	0.608	6.078	91.507
Z_8	0.342	3.417	94.925
Z_9	0.299	2.988	97.912
Z_{10}	0.209	2.088	100

主成分 Z_1、Z_2、Z_3、Z_4、Z_5、Z_6、Z_7 的特征值分别为 2.945、1.679、1.309、0.969、0.898、0.742、0.608。基于特征值求出特征向

量，然后计算各个变量在 7 个主成分上的载荷（表 6－9）。

表 6－9 变量在主成分上的载荷

变 量	Z_1	Z_2	Z_3	Z_4	Z_5	Z_6	Z_7
家庭最高学历	0.651	0.124	0.2	0.22	−0.235	−0.179	0.608
家庭人口数	0.821	−0.087	−0.191	−0.212	0.132	0.185	−0.189
劳动力个数	0.898	−0.006	0	0.001	−0.1	0.187	−0.116
家庭成员健康状况	−0.363	−0.119	−0.521	0.423	−0.094	0.599	0.183
外出打工人数	0.867	0.017	0.002	0.029	−0.157	0.139	−0.092
人均耕地面积	−0.127	0.881	−0.115	−0.131	0.088	0.02	0.024
人均林地面积	0.025	0.894	−0.046	−0.093	−0.038	0.16	−0.002
2014 年人均家庭收入	−0.17	0.176	0.675	0.467	−0.371	0.118	−0.311
政策参与度	0.327	0.15	−0.033	0.623	0.668	−0.169	−0.075
民族	0.074	−0.108	0.7	−0.253	0.435	0.44	0.211

从表 6－9 中可以看到，主成分 Z_1 主要解释贫困户的人力资本特征（家庭人口数、劳动力个数、外出打工人数），Z_2 主要解释贫困户的自然资本特征（人均耕地面积、人均林地面积），Z_3 主要解释贫困户的社会资本（民族类型）和金融资本特征（2014 年人均家庭收入），Z_4 主要解释贫困户的社会资本（政策参与度）和金融资本特征（2014 年人均家庭收入），Z_5 主要解释贫困户的社会资本特征（政策参与度），Z_6 主要解释贫困户的人力资本（家庭成员健康状况）和社会资本特征（民族类型），Z_7 主要解释贫困户的人力资本（家庭最高学历）和金融资本特征（2014 年人均家庭收入）。本书主成分分析目的是为了获得指标项的主成分及主成分权重，故不对主成分进行综合评价。

（2）熵权法计算结果。首先根据成分得分系数矩阵（表 6－10）计算出标准化主成分得分，然后根据公式（6－5）对主成分进行非负化处理，根据公式（6－6）计算主成分权重，根据主成分权重基于公式（6－7）计算出信息熵和价值系数，最后根据信息熵价值系数算出指标权重。7 个主成分的权重分别为：16.4%、11%、16.7%、13.8%、18.4%、12%、11.7%。将熵权法计算的权重与主成分分析计算的权重求平均值，得出 7 个主成分的最终权重为：24.3%、14.7%、15.5%、12.2%、14.1%、10.1%、9.1%。根据得出的最终权重，分别计算每户贫困户的生计资本得分。

表 6-10　成分得分系数矩阵

变　量	Z_1	Z_2	Z_3	Z_4	Z_5	Z_6	Z_7
家庭最高学历	0.221	0.074	0.153	0.227	−0.262	−0.242	1
家庭人口数	0.279	−0.052	−0.146	−0.218	0.147	0.25	−0.311
劳动力个数	0.305	−0.004	0	0.001	−0.111	0.252	−0.191
家庭成员健康状况	−0.123	−0.071	−0.398	0.437	−0.105	0.807	0.301
外出打工人数	0.294	0.01	0.001	0.03	−0.175	0.187	−0.151
人均耕地面积	−0.043	0.525	−0.088	−0.135	0.098	0.027	0.04
人均林地面积	0.009	0.532	−0.035	−0.096	−0.042	0.216	−0.004
2014 年收入对数	−0.058	0.105	0.515	0.482	−0.413	0.159	−0.511
政策参与度与未参与	0.111	0.089	−0.025	0.643	0.743	−0.228	−0.123
民族	−0.025	−0.064	0.534	−0.261	0.484	0.593	0.348

（3）贫困户聚类。根据贫困户生计资本得分，运用公式（6-5）对得分进行非负化处理，使用 Stata 中的“Cluster”命令，运用 *K* 均值聚类方法将贫困户分为两类，分别是（相对）高生计资本类（355 户）和（相对）低生计资本类（498 户），从贫困户分布的百分比可以看出，58.4%的贫困户属于低生计资本类别，高生计资本类别农户占 41.6%，这与我国农村实际发展情况吻合，即大多数贫困户拥有的生计资本较为脆弱。

根据分类结果，对贫困户生计资本不同类别间的差异进行描述性统计、T 检验和开方检验（表 6-11）。从表中可以看到，具有不同生计资本水平的贫困户在多个方面存在较大差异。

第一，人力资本方面：

①高生计资本贫困户家庭的家庭人口数、劳动力个数、外出打工人数分别为 4.19、2.70、1.87，均高于低生计资本家庭的 3.48、1.83、1.15。

②高生计资本家庭最高学历处于高等（高中、大专及以上）的比例远高于低生计资本家庭，而低生计资本家庭最高学历处于低等（文盲或半文盲、小学、初中）的比例高于高生计资本家庭。

③高生计资本家庭健康变量的标准差为 63.7%，远高于低生计资本家庭的 41.2%，疾病和无劳动能力变量的标准差均低于低生计资本家庭。

第二，自然资本方面：

①高生计资本贫困户家庭的人均耕地面积均值为 7.01，略高于低生

计资本家庭的 6.8。

②高生计资本贫困户家庭的人均林地面积均值为 7.40，略高于低生计资本家庭的 7.01。

③高生计资本贫困家庭距村主干道距离均值为 0.64，低于低生计资本家庭的 0.76。

第三，金融资本方面：

①具有高生计资本的贫困户 2018 年家庭人均收入明显高于低生计资本贫困户，约高 1 400 元。

②具有高生计资本的贫困户 2014 年家庭人均收入比低生计资本贫困户约高 950 元。

③高生计资本的贫困户家庭收入增长速度较快。

第四，社会资本方面：

①高生计资本贫困户曾经享受过技术培训、项目支持、继续教育等其他帮扶政策的标准差为 86.2，远高于低生计资本贫困户的 18.3。

②在 355 户高生计资本类贫困户中，有 128 户加入了合作社，占高生计资本类贫困户总数的 36%，占加入合作社全部贫困户总数的 53.8%；在 498 户低生计资本类贫困户中，有 110 户加入了合作社，占低生计资本类贫困户总数的 22%，占加入合作社全部贫困户总数的 46.2%。无论是从纵向还是横向来看，高生计资本类贫困户加入合作社的比例均较高。

表 6-11　贫困户生计资本组间差异

变　量	低生计资本（N=498）	高生计资本（N=355）	p 值	
	均值（标准差）	均值（标准差）	T 检验	χ^2 检验
2018 年家庭人均收入	6 728.4（3 087.5）	8 128.9（4 380.2）	<0.001***	
2014 年家庭人均收入	4 004.4（3 141.9）	4 960.4（3 503.3）	<0.001***	
外出打工人数	1.15（1.05）	1.87（1.11）	<0.001***	
劳动力个数	1.83（1.28）	2.70（1.24）	<0.001***	
家庭人口数	3.48（1.85）	4.19（1.54）	<0.001***	
人均耕地面积	6.8（2.19）	7.01（1.04）	0.041 7**	
人均林地面积	7.01（2.19）	7.40（1.44）	0.002***	

（续）

变　量	低生计资本（N=498）	高生计资本（N=355）	p 值	
	均值（标准差）	均值（标准差）	T 检验	χ^2 检验
距村主干道距离	0.76（0.96）	0.64（1.04）	0.072 6*	
是否加入合作社				<0.001***
加入	110（22.1）	128（36.1）		
未加入	388（77.9）	227（63.9）		
民族				<0.001***
苗族	120（24.1）	185（52.1）		
土家族	149（29.9）	131（36.9）		
汉族	229（46）	39（11）		
家庭最高学历				<0.001***
大专及以上	18（3.6）	83（23.4）		
高中	23（4.6）	76（21.4）		
初中	275（55.3）	147（41.4）		
小学	170（34.1）	45（12.7）		
文盲或半文盲	12（2.4）	4（1.1）		
家庭成员健康状况				<0.001***
健康	205（41.2）	226（63.7）		
疾病	256（51.4）	115（32.4）		
无劳动能力	37（7.4）	14（3.9）		
是否享受过其他政策				
享受过	91（18.3）	306（86.2）		<0.001***
未享受过	407（81.7）	49（13.8）		

注：连续变量显示的是均值（标准差），分类数据显示的是个数（百分比）。*、**、*** 分别表示数据在 10%、5%、1%的水平上显著。

③从民族方面看，苗族和土家族的高生计资本家庭占比相较于汉族较多。

总的来说，贫困户生计资本组间差异比较结果表明如果贫困户距村主干道距离更近、外出打工人数更多、加入合作社比例更高、人均耕地面积更多、人均林地面积更多、家庭最高学历水平处于高等、曾享受过其他政策，那么这类贫困户被视为拥有较高的生计资本。拥有较高生计资本的贫困户比生计资本较低的贫困户有更多样化的生计资本和生计策略，收入增长速度更快，脱贫成效更好。

6.4　生计资本类型对合作社增收的调节效应

为了解释生计资本对合作社增收效应的调节作用，对是否加入合作社（加入合作社＝1，非加入合作社＝0）、生计资本类型（高生计资本＝1，低生计资本＝0）、生计资本类型与加入合作社的交互项进行回归分析。线性回归模型如下：

$$y_i = \beta_0 + \beta_1 \cdot TREAT_i + \beta_2 \cdot LC_i + \beta_3 \cdot TREAT_i \cdot LC_i \tag{6-8}$$

其中，y_i 是结果变量，为贫困户 2018 年人均家庭年收入；$TREAT_i$ 为组别虚拟变量，$TREAT_i=1$ 表示处理组（加入合作社），否则为对照组（未加入合作社）；LC 为生计资本类型虚拟变量，$LC=1$ 表示“高生计资本组”，$LC=0$ 表示“低生计资本组”；$LC \cdot TREAT$ 是生计资本类型与是否加入合作社的交互项。系数 β_1 表示低生计资本类型的贫困户加入合作社后的收入增加效应；系数 $\beta_1+\beta_3$ 表示高生计资本类型的贫困户加入合作社后的收入增加效应；系数 β_3 表示高生计资本类型的贫困户与低生计资本类型的贫困户加入合作社后收入增加效应的差异。β_0 与 β_2 在后续计算中被消除。计算结果如表 6－12 所示，可以看到，合作社对不同生计资本水平贫困户的增收效应存在差异。

表 6－12　生计资本类型对贫困户收入影响的回归结果

	系数	标准误	τ	$p>\|\tau\|$
是否加入合作社	266.93	397.49	2.12	0.034**
生计资本类型	1 185.93	307.55	3.86	<0.001***
是否加入合作社×生计资本类型	485.28	568.63	0.85	0.394
Constant	6 671.72	186.99	35.68	<0.001***
Observations	852	852	852	852
R-squared	0.383			

注：*、**、*** 分别表示数据在 10%、5%、1%的水平上显著。

（1）合作社对贫困户有增收作用。贫困户加入合作社后收入增加266.93元，在5%的统计学水平显著。这一结果与“4.3.3 平行趋势检验与增收效应评估”中计算出的合作社增收232.8元，及章节“特征变量选择与反事实结果推断”中计算出的合作社增收276元，这两个结果基本一致。说明合作社具有正向但不强烈的增收效应。

（2）生计资本类型对贫困户收入的影响程度高于合作社。不加入合作社的情况下，高生计资本贫困户收入更高。在不加入合作社的情况下，高生计资本贫困户的收入比低生计资本贫困户的收入高1 185.93元，在1%的统计学水平上显著。这一结果与“6.3.3 生计资本指标赋权与贫困户分类”中通过匹配后进行T检验估计出的1 400元的收入差异基本吻合，即与“具有高生计资本的贫困户2018年家庭人均收入明显高于低生计资本贫困户”的结论一致。

（3）加入合作社对低生计资本贫困户收入有正向作用。低生计资本贫困户加入合作社后收入增加266.93元，在5%的统计学水平上显著；高生计资本贫困户加入合作社后收入增加752.21元，结果不显著；高生计资本贫困户加入合作社后的收入增加值比低生计资本贫困户加入合作社后的收入增加值多485.28元，结果不显著。说明合作社对低生计资本贫困户的收入增长起正向作用，对高生计资本农户的增收效应不显著。

6.5 稳健性分析

把“生计资本类型”与“加入合作社”的交互项加入回归模型，是对单一水平上的数据问题进行分析研究，无法反映数据层次结构的复杂协方差结构。考虑贫困户收入同时受到“加入合作社”和“生计资本类型”的影响，从影响因素特征来看，贫困户是否加入合作社这一选择会对贫困户自然分组，可以看作宏观层级的影响因素；而生计资本类型是农户的个体差异，可以看作微观层级的影响因素。由于样本数据有可能存在的层次结构，会导致高层次聚合数据的分析结果与原先微观层次的分析结果不一致。多水平模型考虑了数据的层次结构和聚集结构特征，能够准确反映变量间基于层次框架下的关系，并给出不同层次数据的差异性估计，能出具多层次结构数据，减少估计的误差。因此，本书运用多水平统计模型，区分宏观层次影响因素（是否加入合作社）和微观层级影响因素（生计资本类型），分析“加入合作社”和“生计资本类型”对贫困户收入的影响，并以此验证调节效应分析结果的鲁棒性。

6.5.1 多水平模型分析

国外学者对多水平模型论述较多。Dempster[69]等提出的EM迭代算法奠定了多水平统计分析的基础，该算法对缺失数据模型给出参数极大似然估计；Goldstein将一种不需要模型正态性假设的迭代广义最小二乘法（IGLS）运用于多水平模型的参数估计中；Goldstein讨论了如何运用多水平模型进行纵向数据（重复观测数据）分析。目前，多水平模型已经被广泛应用于教育学、社会学、经济学、生态学、医学及公共卫生、地理信息系统等众多领域[311][312][313]。

在反贫困研究领域，Kim[314]基于13个国家的数据集，运用多水平广义线性模型分析影响家庭贫困状况的宏观因素和个体因素；Ren[315]运用多水平模型分析中国连片特困地区的贫困发生率和社会经济因素之间的内在关系。与国外研究类似，国内学者对多水平模型的应用领域多为教育学[316]、社会学[317]、经济学[318]、医学及公共卫生[319][320]等。李兴绪等[321]基于云南省红河州的微观数据集，建立两水平农户收入函数模型，实证分析了地理因素对农户收入的影响，并提出增加西南边疆民族地区农户收入的相关政策建议。向其凤、石磊[322]基于西部民族地区农户转移的微观调查数据，以及该地区劳动力转移实际情况，结合相关劳动力转移的研究理论，建立两水平Logistic回归模型，定量分析了劳动力转移的影响因素及程度。

运用多水平模型展开分析的步骤如下：

(1) 构建空模型——检验数据层次结构。为了检验样本数据是否存在层次结构，先构建无解释变量的空模型：

$$y_{ij}=\beta_{0i}+e_{ij} \tag{6-9}$$

$$\beta_{0i}=\gamma_{00}+u_{0i} \tag{6-10}$$

其中，模型（6-9）代表水平1（生计资本类型），模型（6-10）代表水平2（是否加入合作社），水平1和水平2均无解释变量，e_{ij}为服从$N(0, \sigma^2)$分布的相互独立的水平1残差，u_{0i}为服从$N(0, \sigma_{u0}^2)$分布的相互独立的截距项水平 2 残差，Cov(u_{0i}，e_{ij})＝0。将模型（6－9）代入模型（6－10）中，得到一个具有随机效应的方差分析模型：

$$Y_{ij}=\gamma_{00}+u_{0i}+e_{ij} \tag{6-11}$$

模型（6－10）中，σ_{u0}^2反映了加入合作社和不加入合作社的组间差异，σ^2代表了贫困户生计资本之间的差异。计算组内相关系数：

$$ICC=\hat{\sigma}_{\mu0}^2/(\hat{\sigma}_{\mu0}^2+\hat{\sigma}^2)=0.179\ 3 \tag{6-12}$$

表明约有 18％的收入差异是由贫困户是否加入合作社引起的，约 82％的差异由生计资本差异导致，因此，可以考虑使用多水平模型进行分析。

（2）将水平 2 解释变量纳入空模型。在空模型中纳入水平 2 的解释变量。本分析中水平 2 的解释变量为“是否加入合作社”，用 CP_i 表示，模型如下：

$$y_{ij}=\beta_{0i}+e_{ij} \tag{6-13}$$

$$\beta_{0i}=\gamma_{00}+\gamma_{01}\cdot CP_{2i}+u_{0i} \tag{6-14}$$

$$y_{ij}=\gamma_{00}+\gamma_{01}\cdot CP_{2i}+u_{0i}+e_{ij} \tag{6-15}$$

用极大似然估计法估计模型的拟合统计量，计算结果如表 6－13 所示。

（3）将水平 1 解释变量纳入截距模型。将所有水平 1 的解释变量的效应看作是固定效应，纳入截距模型中。本分析中水平 1 的解释变量为“生计资本类型”，用 LC 表示，模型如下：

$$y_{ij}=\beta_{0i}+\beta_1\cdot LC+e_{ij} \tag{6-16}$$

$$\beta_{0i}=\gamma_{00}+\gamma_{01}\cdot CP_{2i}+u_{0i} \tag{6-17}$$

$$y_{ij}=\gamma_{00}+\gamma_{01}\cdot CP_{2i}+\beta_1\cdot LC+u_{0i}+e_{ij} \tag{6-18}$$

由于水平 1 和水平 2 的解释变量均只有一个，所以这一步骤的计算结果与步骤 2 的结果一致（表 6－13）。

表 6－13　生计资本类型对贫困户收入影响的回归结果

	系数	标准误	τ	$p>\|\tau\|$
是否加入合作社	266.93	397.49	2.12	0.034**
生计资本类型	1 185.93	307.55	3.86	＜0.001***

注：*、**、*** 分别表示数据在 10％、5％、1％的水平上显著。

6.5.2 结果对比分析

分析结果汇总如表 6-14 所示。多水平统计分析结果显示，合作社的增收效应为 504.06 元，在 10%的水平上显著；生计资本对贫困户收入的影响为 1 327.89 元，在 1%的水平上显著。对比分组后 T 检验结果、调节效应分析结果可知，生计资本异质性对贫困户收入存在显著的影响，并且生计资本对贫困户收入的影响高于合作社的增收作用，增收效应结果也基本一致，说明结果具有鲁棒性。

表 6-14 模型估计结果汇总

增收效应	T 检验	调节效应分析	多水平统计
合作社增收效应		266.93**	504.06*
生计资本增收效应	1 400***	1 185.93***	1 327.89***

注：*、**、*** 分别表示数据在 10%、5%、1%的水平上显著。

6.6 实证结果讨论

6.6.1 合作社的增收效应有限

合作社对于贫困户的收入增长起正向作用，但是作用的程度并不强烈。从精准扶贫政策实施期间我国合作社发展实践来看，导致合作社增收效应不强烈的原因有可能存在于以下几个方面。

第一，农产品生产与市场需求脱节。调研发现，虽然武陵山区以发展“一村一品”为着力点，形成特色产业，但部分地区选择项目时缺少长期规划意识，把握市场规律不充分，把产业扶贫等同于农业扶贫，产业同质化严重，出现土豆、萝卜、柑橘、猕猴桃等农产品滞销。李冬慧、乔陆印[323]认为扶贫产业扶贫项目短期化、同质化的问题，无法满足实现乡村产业持续性、多元化发展目标的要求。

第二，产业能级偏低。调研发现，受限于武陵山区地域限制和贫困山区人口人力资本禀赋的影响，产业扶贫项目多以技术含量较低的种养业为主，导致发展面临较大的自然风险和市场风险，且收益仅来自初级产业收益，增收能力有限。刘明月、汪三贵[161]认为由于扶贫产业链条较短，多停留在生产环节，加工、销售等下游产业链尚未建立，单一形态的产业难以产生足够的附加值来实现增收。

第三，贫困群体被动参与。由于贫困户的主体地位被忽视，多数贫困户社员只能通过入股分红获得收益，并没有深入参与到产业发展中，合作社的带动效应不足，贫困户加入合作社后获利也较少。宁静等[10]认为利益联结机制的不完善使得部分合作社吸纳贫困人口就业较少，产业发展中存在的“精英俘获”现象也会导致帮扶对象“失靶”。

因此在巩固拓展脱贫攻坚成果与全面促进乡村振兴有机衔接阶段，需要加强产业增收减贫的功能，加强产业发展与农户之间的利益联结。

6.6.2 生计资本对贫困户收入的影响高于合作社

实证分析结果中，高生计资本显著影响贫困户 2018 年的家庭人均年收入，这一效果甚至高于合作社的影响作用。由此可知，除了合作社这一发展载体之外，要帮助农户构建多样化的生计资本和生计策略。

从生计资本分类结果看出，拥有高生计资本贫困户的优势主要表现在劳动力水平、受教育水平、地理位置、生产经营条件、政策参与度等方面。这一结果符合发展实践。具体来说，我国农村贫困的致贫原因主要有因缺劳动力致贫、因缺技术致贫、因病致贫、因学致贫，本质上来说，家庭成员生病和家庭成员上学都会影响劳动力数量和劳动力水平。同时，家庭成员受教育程度越高、健康状况越好，劳动力的素质就越高，就能够在劳动力市场上有更多的机会和更高的收入。因此，如何提高贫困户家庭有效劳动力数量和劳动力质量，是帮助贫困家庭拥有高生计资本的重要路径。

生产经营条件方面，由于贫困户所拥有的耕地和林地面积基本上不会发生太大变化，只能考虑如何提高生产效率和产品的市场竞争力。这就要求合作社和产业发展能够满足农户在现有生产经营条件下提高收益率的要求。

地理位置层面，偏僻地区的基础设施和配套设施薄弱，区位劣势较大，对贫困户生计策略多样化具有阻碍作用，增强了生计资本脆弱性。精准扶贫政策实施期间，国家通过易地搬迁的手段解决了恶劣环境带来的生存问题。易地扶贫搬迁后续帮扶是拓展脱贫攻坚成果的重要手段，要考虑如何帮助易地扶贫搬迁户发展产业，实现贫困户搬迁后的长效发展。

政策参与度方面，贫困户家庭享受国家政策越多，获得帮助的机会就越多，收入来源也就越广。因此，要考虑构建多层次的保障体系，满足不同贫困人群的发展需求。但在这个过程中，要重视建立农户内生发展动力，避免出现过于依赖政策的问题。

6.6.3 低生计资本贫困户加入合作社的增收效应显著

根据调节效应分析结果可知，对于未加入合作社的贫困户来说，高生计资本贫困户收入显著高于低生计资本的贫困户。对于加入合作社的贫困户来说，合作社对低生计资本的社员有显著的帮扶和带动作用，对高生计资本类型社员的收入提升作用不显著。这一结果再次体现了精准扶贫政策实施期间，我国合作社的“益贫性”，与“4.3.4 特征变量选择与反事实结果推断”和“5.3 分项收入双重差分估计结果”所得到的结论具有一致性，即现有合作社对“赚钱能力较弱群体”“收入处于低分位数的贫困户”“低生计资本贫困户”的增收效应更显著。因此，应该思考如何突破合作社的“益贫性”，拓展合作社的“收益性”和“发展性”，在吸纳更广泛群体共享发展的同时，提高参与成员的收益。

6.7 本章小结

本章采用主成分分析、熵权法、聚类分析对贫困户进行异质性分类，把贫困户分为高生计资本类和低生计资本类，对两个类别进行方差分析，分析生计资本类型对合作社增收效应的调节作用，并运用多水平模型进行稳健性分析。结果表明，高生计资本类的贫困户在人力资本、自然资本、金融资本和社会资本方面都有较明显的优势；高生计资本对贫困户收入有显著正向效应，这一效应高于合作社的增收效应。合作社对于低生计资本类的贫困户具有增收效应；合作社对于高生计资本贫困户的增收效应不显著。要实现贫困户的长效增收，就需要帮助贫困户构建多样化、可持续的生计资本和生计策略，从贫困户家庭劳动力数量、劳动力质量、地理位置、政策参与度等方面进行提升和强化。

7 研究结论与对策建议

本书聚焦中国农民专业合作社如何实现贫困户增收，在成员异质性视角下，围绕“效应评估”“异质性分析”两个主要任务展开分析，力图明晰中国农民专业合作社的增收机理及发展方向。整个研究以异质性为逻辑起点，构建了“因果路径判断—政策评价—政策出路”的分析框架。通过因果关系判断初步探寻合作社增收路径，运用多种统计分析方法和工具展开实证分析。多模型设计减少了样本数据的自选择偏差、内生性偏差、时间效应、不可测变量偏差，能够准确地估计出合作社的增收效应。最后，从管理科学出发，依据实证分析的主要结果及结果所揭示的规律性事实，结合我国产业扶贫和合作社发展的现实特征，对乡村振兴背景下合作社的进一步发展提出对策建议，构建产业与贫困户主体协同发展路径。

7.1 研究小结

7.1.1 实证分析结果

本研究以合作社的贫困户增收效应为研究对象，运用因果有向非循环图探索具体的因果路径，并找出基于因果关系的初始变量集，运用 Logit 模型分析贫困户加入合作社的行为影响因素，运用 PSM-DID 模型评价合作社的增收效应，运用 PSM-ESR 模型估计合作社增收的反事实结果，运用分位数 DID、分项收入 DID、统计分析方法探究在不同收入分位数点、不同收入来源、不同生计资本类型等条件下合作社的增收路径。实证分析结果汇总如下：

（1）贫困户家庭劳动力水平、家庭生产条件和家庭政策感知是影响贫困户是否加入合作社的重要因素。 Logit 回归结果表明，家庭生产条件越好、家庭政策感知越强的贫困户越倾向于加入合作社。具体来说，如果贫困户家庭耕地面积更多、距村主干道距离更近、曾享受过其他政策，更倾向加入合作社；家庭劳动力水平方面，外出打工人数越多的贫困户越不倾向于加入合作社。这些家庭特征对农户行为产生的影响是直接而显著的。除此之外，贫困户家庭最高学历和民族也会对家庭的劳动力水平、政策感知产生影响，进而影响家庭行为选择。

根据分析结果可知，可以通过提升贫困户的政策感知能力来提升贫困户参与合作社产业发展的参与度。对于倾向于外出打工的贫困户，可以拓展合作社的参与方式，让更多的贫困人口参与到合作发展中。

（2）合作社具有增收效应。倾向得分匹配—双重差分模型（PSM-DID）估计得出合作社的增收效应为 232.8 元，在 10%的水平上显著；倾向得分匹配—内生转换（PSM-ESR）模型估计得出合作社的增收效应为 276 元，在 1%的水平上显著。从模型结果可信度来看，PSM-DID 模型消除了样本数据的自选择偏差、内生性偏差和时间效应，PSM-ESR 模型消除了样本数据依不可变量的估计偏差，同时 PSM-DID 和 PSM-ESR 是两种同源的估计方法，两个模型估计结果基本一致，因此运用 PSM-DID 和 PSM-ESR 回归模型估计的结果可信度高，可以得出结论，合作社具有增收效应，大约在 250 元左右。

（3）合作社增收效应的反事实结果。根据内生转换估计结果分析，不同群体加入合作社得到的收入提升存在差异，选择加入合作社的贫困户收入提升程度远远大于非合作社成员收入提升的程度。在反事实推断下，如果现有合作社成员不加入合作社，收入会出现断崖式的下降；如果现有非合作社成员加入合作社，收入则不会有太大变化。

分析结果可知，加入合作社和未加入合作社的贫困户收入绝对值差别不大，但是收入增加的相对值差别却很大，合作社对现有社员的增收作用更加有效。由于现有社员在不加入合作社的情况下，收入会大幅度下降，可以把现有社员看作“赚钱能力”较弱的群体，在合作社帮扶下，他们的“赚钱能力”得到了大幅度提升。相对的，合作社对“赚钱能力”较强群体（即使不加入合作社，收入也不低）的增收效应较弱。

这体现了现有合作社发展存在的内部不平等现象，应该关注如何进一步拓展农村产业发展的包容性和有效性，吸纳更广泛的群体共享发展。

（4）合作社对低收入分位数点贫困户的增收作用更显著。分位数双重差分估计结果表明，不同收入分位数点的贫困户参与合作社得到的收入增长存在差异，合作社对处于收入低分位数点贫困户的增收效应为正，对收入高分位数点贫困户的增收效应为负，可以理解为，当贫困户收入水平较高时，其收入增长的来源并不是合作社。

（5）合作社对工资性收入和财产性收入的增收作用更显著。分项收入双重差分估计结果表明，贫困户收入来源不同，加入合作社可以对某项收入来源产生影响。加入合作社使得贫困户的家庭人均工资性收入和财产性收入分别增加了 194.9 元和 26.2 元，合作社对贫困户家庭的工资性收入和财产性收入起显著正向作用，对经营性收入和转移性收入的增收效果不明显。说明贫困户加入合作社之后，主要通过在合作社务工、就业等来提高工资性收入，通过土地流转、入股等方式提高财产性收入。

（6）合作社对低生计资本贫困户的增收作用更显著。K 均值聚类结果表明，贫困户生计资本在人力资本、自然资本、金融资本和社会资本等方面存在较为明显的组间差异，高生计资本类贫困户有 355 户，占 41.6%，低生计资本类贫困户有 498 户，占 58.4%，样本贫困户生计资本较低的占比较多，这与我国农村实际发展情况吻合。调节效应分析结果表明，低生计资本贫困户加入合作社后收入增加 266.93 元，在 5% 的统计学水平上显著。合作社对低生计资本贫困户的收入增加具有正向效应。

（7）高生计资本贫困户的收入增长更多。实证分析可知，高生计资本显著影响贫困户 2018 年的家庭人均年收入，这一效果甚至高于合作社的影响作用。从生计资本分类结果看出，高生计资本贫困户的生计资本优势体现在房屋距村主干道距离更近、外出打工人数更多、加入合作社比例更高、人均耕地面积更多、人均林地面积更多、家庭最高学历处于较高水平、曾享受过其他政策，高生计资本的贫困户收入更高、收入增长更快。

（8）武陵山区农户之间存在群体差异。Logit 回归结果表明，不同民族之间，土家族和苗族相较于汉族更倾向加入合作社。分位数双重差分估计结果表明，土家族对三个分位数点的收入均起正向作用，对 0.75 分位数收入的影响最大，苗族对 0.25 和 0.5 分位数收入起正向作用，对 0.75 分位数收入起负向作用，土家族贫困户的收入水平略高于苗族贫困户的收入水平。分项收入双重差分结果表明，土家族贫困户工资性收入（相比汉族和苗族）较高（系数为 823.1，在1%的水平上显著），而苗族的贫困户生产经营性收入较高（系数为 340.4，在1%的水平上显著）。贫困户生计资本异质性分类结果表明，苗族和土家族的高生计资本家庭占比相较于汉族较多。分析结果可知，武陵山区贫困户之间存在显著的群体差异，这有可能会导致内部不平等现象。

7.1.2　核心结论

依据实证分析结果所揭示的规律性事实，结合我国精准扶贫政策实施期间合作社的发展实践，本书的核心结论如下：

（1）合作社具有正向但有限的增收效应。从增收效果来看，合作社对贫困户的收入增长起正向作用，但作用的程度并不强烈，在 250 元左右。从收入来源看，合作社对贫困户的工资性收入和财产性收入增长起到了正向作用，但未有效拓展贫困户的其他收入增长来源。

这一结果主要是由合作社产业发展能级偏低、农产品生产与市场衔接不畅、贫困群体参与产业发展程度不深等原因所导致。在巩固拓展脱贫攻坚成果同乡村振兴有效衔接阶段，需要提升合作社的经营水平，加强产业发展与农户之间的利益联结，通过加强合作社创收能力进一步增加农户的生产经营收入，通过优化利益分配机制进一步增加农户的财产性收入，通过扩大就业岗位等方式增加农户的工资性收入，实现农村人口持续稳定增收。

（2）现有合作社具有较强的“益贫性”。精准扶贫政策实施期间，我国农民专业合作社对“赚钱能力较弱群体”“收入低分位数点贫困户”“低生计资本贫困户”的增收作用更显著，说明合作社在精准扶贫政策实施期间的“益贫性”更突出，“收益性”和“发展性”不足。合作社的“益贫性”符合国家脱贫攻坚的总体要求，能够帮助最贫困的群体快速摆脱贫困，但无法满足乡村振兴对农民发展提出的更高要求。同时，要关注不同群体的均衡发展。因此，在巩固拓展脱贫攻坚成果同乡村振兴有效衔接阶段，应该思考如何拓展合作社的“收益性”和“发展性”，满足农户发展的更高要求，在吸纳更广泛群体共享发展的同时，提升所有参与成员的收益。

（3）高生计资本是贫困户增收的重要因素。根据分析结果可知，高生计资本主要体现在生计的多样化和生计的可持续性方面，高生计资本对贫困户收入增长的影响作用高于合作社。高生计资本贫困户的优势主要表现在劳动力水平、受教育水平、地理位置、生产经营条件、政策参与度等方面，从本质上来说，有效劳动力数量和劳动力质量是提升贫困户生计资本的重要路径。对于生计资本较低的农户，可以通过构建多样化的生计资本和生计策略，降低脱贫脆弱性，巩固脱贫成效，主要从劳动力数量、劳动力质量、区位优势、政策参与等方面进行强化和提升。

7.2　对策建议

基于以上结论，得到启示：合作社对贫困户产生增收作用的关键，既与合作社的发展状况和收益能力有关，也与贫困户自身的家庭特征和个人发展能力有关，在促进合作社良性发展的同时要关注贫困户内生发展能力的提升。当前，我国处在从“站起来”“富起来”到“强起来”历史性跨越的新发展阶段。“三农”问题是全党工作的重中之重，脱贫攻坚全面胜利后，建设小康社会的目标任务已经实现，“三农”工作重点从脱贫攻坚转移到了乡村振兴上来，乡村振兴战略将从前一阶段的构建制度框架和政策体系进入到全面推进实施的新阶段，要全面推进乡村振兴战略，同时要巩固脱贫攻坚成果、防止返贫、保证农民持续增收致富。本书结合新发展理念，从乡村振兴战略与区域协调发展战略出发，以合作社发展视角和农户发展视角讨论如何提升农村产业发展水平，实现合作社增收及农民收入持续增加，并给出对策建议。

7.2.1　合作社发展视角：产业发展提质扩容

精准扶贫政策实施期间，合作社发展产业的主要目标为产业扶贫，即通过发展村级产业并让贫困户参与其中来帮助贫困户脱贫。根据实证分析结果可知，合作社对贫困户收入增加有正向作用，但是合作社对贫困户中能力较弱的群体增收效果更明显，如贫困户中“赚钱能力”较弱、收入水平较低的更穷的群体，而对贫困户中“赚钱能力”较强、收入水平较高群体的增收效果不明显。在全面实施乡村振兴的背景下，合作社产业发展的目标不再只是扶贫，而是要推进农业农村现代化，引导产业提质扩容升级，让更广泛的群体参与到产业发展中来。

（1）重构产业生态，提升合作社盈利能力。合作社能够提高贫困户的经营性收入和财产性收入，但是对有能力外出打工的贫困户家庭来说，加入合作社所带来的家庭收入增长还不够，在乡村振兴战略目标下，农村产业发展要能够留得住人，就得为更广泛的农户带来与打工收入差不多高甚至更高的收入，因此，政府要引导产业升级，实现产业生态重构，提高合作社的获利能力。

①坚持绿色农业导向，增强产品市场竞争力。随着我国居民收入水平的提高，居民对食品消费有了更高的要求，绿色农产品和有机农产品的市场份额不断提高。脱贫地区的生态相对原始，农业资源丰富，具备农产品生长周期较长、农药用量较小等优势，可以充分发挥农业周期与气候变化的协同作用，引入和推广绿色农业实践，坚持农业生产各个环节的绿色化。引进创新技术实现高标准建设，降低绿色生产的成本，发展“高段位”“高品质”“高品位”的绿色农业，提升农产品价值，增强产品在成熟市场中的稀缺性，增加合作社盈利能力，提高合作社社员的家庭收入。

②完善产业纵横链条，推动片区联合升级。脱贫攻坚时期产业扶贫为农村产业发展奠定了基础，但农业产业和其他类型的产业都遇到了发展瓶颈，如合作社多以村为单位，大型合作社较少，规模过小导致合作社抗风险能力较弱、市场竞争力不足、农户带动作用较差等。要持续推动农村一二三产业融合发展，需要跳出就县、就村发展产业的传统思路，利用脱贫地区连片相似的资源禀赋，跨村、跨乡镇、跨区县连片布局产业，开展区域产业协作，形成产业联盟、产业集群。同时，依托互联网强化产业纵向整合升级。产业链上游，利用互联网平台“去中间商”实现整村或跨村“团购”，为农户提供最低价农资产品；产业链中游，利用自然资源数据、环境数据、生产数据等监控生产环节，推动智慧农业建设；产业链下游，变革销售渠道，赢得更多市场份额。

③突出产业特色，加快品牌培育。部分地方部门和农户在确定产业扶贫“做什么”时，存在产业选择不科学、随意性较大等问题，导致种植的作物不符合当地的自然地理条件或产品同质化，低水平、同质化竞争和生产过剩等问题将导致市场效益不足。脱贫地区在选择产业项目时，应该坚

持差异化发展，根据当地特有的自然资源、人文资源和市场规律等做出科学判断，选择可以长期持续的项目，同时要尊重农户的意愿和生产现实，优化特色产业布局。区域品牌和规模优势能极大推动产业发展速度，地方部门应该通过统一的规划和科学论证，优化产业模式和产品质量，在突出产品独特优势的基础上，构建宣传和销售网络，打造市场认可的地方品牌，保证贫困户的可持续增收。

（2）强大新型主体，发展壮大主导产业。合作社对有能力外出打工的农户的增收效应不明显，农村青壮年劳动力多选择到城市从事非农务工来增加家庭可支配收入。我国新型农业经营主体主要有农民专业合作社、家庭农场、种养大户、龙头企业等类型，应该积极扶持培育多种形式的新型经营主体，满足农户个体发展的不同需求。

①优化营商环境，扩大新型主体经营数量。对于有能力、有意愿自我发展的农户，各级政府应降低注册门槛，简化办理流程，通过提供公共服务、投入基础设施建设、实施补偿措施、拓宽融资渠道、完善信贷抵押担保、进行风险管控等方式，鼓励、支持他们经营产业，发展成为新型农业经营主体。

②完善扶持政策，增强新型农业经营主体经营能力。政策要区分对象和不同发展阶段的需求。不同对象应有不同的政策侧重，对脱贫村庄，重点补贴基础设施和公共事业建设；对企业，重点以购买服务的方式进行合作，根据他们的帮扶贡献进行补贴；对农户创办的家庭农场、农户和农户组成的合作社，从培训、生产销售等全过程予以扶持。产业生命周期不同阶段也要制定不同的政策，产业产生阶段，财政资金可以以直接补贴的形式帮助农户起步，同时加快基础设施建设；成长阶段可以通过多种金融渠道激发主体活力，如利用基金工具以村为单元进行股权投资，或通过政府购买助力企业，同时要加强知识产权保护；发展阶段，主要运用贷款风险补偿机制和信贷贴息机制，让企业贷得到款、用得起钱；转型阶段，引导资源配置到新产品研发领域，对于升级改造项目优先给予支持。

③强化激励机制，提高新型主体帮扶意识。仅由土地入股的农户组成的合作社难以实现产业纵向一体化和产品增值，需要具有丰富要素资本和社会资源的农村能人、种养大户、农民企业家投入生产要素，发展多

种经营模式，利用自身优势资源开拓市场，创建品牌，提升产业发展的经济效益。政府应对脱贫攻坚效果好、示范性强的新型经营主体进行荣誉表彰，提升新型经营主体的光荣感和使命感，并通过加大财政支持、减免税收等方式，激励他们拓展市场、创建品牌，开拓帮扶带动新模式，带动农户增收，吸纳更广泛的农村劳动力参与到产业发展中。

（3）优化分配制度，吸纳农户广泛参与。农户更关注的是如何实现增收。股份制、合作制是解决分散农户与市场合作的有效模式，多采取财政资金入股分红、土地流转等方式与农户合作，农户主要收入是工资收入和土地收入，难以参与产业链上下游环节、品牌增值收入分配以及产业链以外的金融合作、消费合作等利润分配。应该始终将农民增值作为基本出发点，强化产业发展对农户的带动，增强农户及更广泛群体参与发展的动力。

①深化“三变改革”，探索土地合作模式。农民土地入股，将分散的农民土地先汇合再出租，是改造小农户的最佳途径。政府应进一步扩大农村产权改革试点范围，健全农村产权流转市场体系，促进土地产权的有序流转。在“三权分置”背景下，探索盘活农地的多种方式，做好农村土地的确权、登记与颁证，明确农村产权的归属与权责。采用股份分红、提供就业、提供服务、返还利润等方式，吸纳小农户参与产权流转，激发农业发展活力。

②设计分类分配机制，实现社员公平获利。农户加入合作社后，主要通过股份分红、返还利润、低价购买农资、高价销售产品等途径获取收益，这些收入来源也是农户选择是否加入合作社的主要依据。应尽可能考虑每种类型农户的合作贡献和利益需求，分类设计分配制度，针对失能、弱能的农户，可以采用优先股的形式，让他们享受固定分红；针对有发展能力和发展意愿的农户，采用普通股的形式，让他们根据股权多少参与决策、参与经营、参与监督；对于核心成员，可以根据他们为合作社付出的时间、精力、人际关系、资金等资源，通过支付管理工资、技术入股等方式给予相应回报。

③壮大村级集体经济，拓展成员增收渠道。乡村两级集体经济是开展防止返贫工作和实现乡村振兴的基本保障和强大动力，要积极发挥集体经济组织的特殊功能，建立健全以村级利益为中心的利益联结机制。通过集

体资产入股龙头企业、集体资产租赁、村级集体资产与外部企业联合发展、村级集体资产参与产业等多种方式，将外部的资本、技术、管理模式与脱贫地区独特的资源禀赋相结合，提高村级集体经济获利能力，使得农户通过集体经济分红拓展增收渠道。

④鼓励低生计资本农户加入合作社，实现共同发展。鼓励低生计资本农户入股合作社，引导他们参与合作社的管理和决策，在合作社制定生产经营方案或利益分配制度时，尊重他们的意见，赋予低生计资本农户获取合作社剩余索取权和剩余控制权的机会，形成风险共担、利益均沾的机制，共同成长。

（4）做好要素保障与风险防范，构织“发展防护网”。服务保障和风险防范贯穿产业发展的整个过程，应该为产业发展的各个环节提供相关服务，建立全过程风险防范机制，保障产业稳步发展，保护农户财产安全和收入来源。

①构建要素保障体系。政府作为产业发展的主导者与管理者，应该构建完善的要素保障体系，为产业发展提供强大支撑力。一要发挥政府强大的市场议价能力，帮助企业获取市场信息、拓展融资渠道、降低技术成本、扩大产品销售、提高谈判能力等，保证农村产业长效发展。二要建立利益联结机制，政府主导发展多种联合体模式，引导多主体利益共享，在各类新型农业经营主体与小农户之间形成利益共享机制。三是加大财政扶持力度，完善合作社的税收优惠政策，鼓励地方财政为合作社提供贷款担保，推动农业保险的发展。

②建立风险防范机制。脱贫攻坚全面胜利后，乡村振兴战略对产业发展提出了更高要求，除了满足脱贫人口的“益贫性”需求，也要追随市场发展的趋势实现经济效益。新的发展阶段，外部市场环境对产业发展的影响逐渐加大，还没有进入发展成熟期的产业受到的冲击也在变大，兼顾帮扶与经济效益的产业尚无法完全应对外部环境变化。政府应该建立健全产业发展的风险防范机制，对不同种类风险提供不同的保障措施。对产业发展中面临的产品质量风险、产品价格风险、市场竞争风险、疫病风险和自然灾害风险等，制定事前预防、事中控制、事后补救措施，构织“安全防护网”，在保障产业稳步发展的同时，也保护参与主体的利益不受损害。

7.2.2 农户发展视角：生计资本与生计策略多样化

脱贫攻坚胜利后，巩固脱贫成果、防止返贫是乡村振兴战略背景下我国反贫困的主要任务。脱贫地区自然环境较为恶劣、基础设施和公共服务水平较低、产业发展基础较为薄弱、脱贫户内生发展能力相对不足，存在脱贫脆弱性问题，返贫风险较大。实证结果表明，拥有高生计资本的脱贫户，往往采取多生计策略，家庭收入较高，这类脱贫户返贫率较低。多样化的生计资本和生计策略能够给农户带来多种收入来源，能有效转移风险，抗击外部冲击。

在乡村振兴战略实施背景下，不但要关注脱贫，更要关注脱贫户的脱贫效果和可持续发展能力，帮助农户建立多样化的生计资本和生计策略，实现生计可持续。从关注农户发展的视角出发，农户是发展主体，是实现农业产业升级、新农村建设的关键因素，但是农户自身条件有限，需要对农户赋权赋能；政府和企业是服务主体，在产业体系、生产体系、经营体系建设之外，要关注农户的利益诉求，兼顾农户的思维特征和行为方式，为农户提供切实服务。

(1) 拓展就业途径，构建多样化收入结构。脱贫户家庭生计特征不同，收入结构和脱贫脆弱性也不同。存在自然资本受损、人力资本不足、非农就业机会减少、农业效益下降等问题，导致单一收入来源的脱贫户脆弱性较高。应按照分类施策原则，根据脱贫户家庭特征建立生计资本和生计策略，拓宽收入渠道，优化收入结构，降低脱贫的脆弱性。

①优化就业环境，增强工资性收入的稳定性。脱贫地区受自然资源、地理条件、基础设施等的制约，产业发展缓慢，合作社盈利能力较弱，还需要较长的时间发展村级产业，才能够满足农户的增收需求。在这种情况下，外出务工是农户的最佳生计策略，通过简单技能培训就可以上岗，短期内就可以增加家庭收入。但是随着就业市场逐渐饱和，在激烈的竞争环境中，低技能务工者的劳动报酬不高、工作强度大，在市场出现波动时会首先被淘汰，收入并不稳定。因此，对于劳动力数量较多、家庭受教育程度较高的脱贫户，政府应该为他们提供良好的就业环境，搭建农村劳动力信息平台，通过高级技能培训和定向劳务输出，提高务工人员的市场竞争力，保证农户工资性收入的稳定性。

②重视农业类家庭经营，增加经营性收入。各地农村都存在农业类小型家庭经营实体，如农业特色经营、农旅融合家庭农场、本地农产品加工、小型养殖等类别的家庭作坊或小本生意，此类“小产业”生产方式对脱贫户来说相对熟悉和简单，较容易被接受，为农户生计策略提供了更多选择。对于养老或育儿负担较重、人力资本水平较低的家庭，劳动力外出打工受限，可以通过发展适度家庭经营来扩展生计策略。对于这类人群，政府应完善农业家庭经营的入门指导、实用新技术培训和持续的跟踪服务。

③鼓励非农业类家庭经营，降低经营风险。除了农业类家庭经营，农村还有多种非农业类的家庭经营，如传统手工艺人、商品经营、自主创业等非农经济活动。这类农户把农业作为生计退路，简单种植或直接撂荒，大部分精力都用来从事非农经营活动。他们的生计策略风险较大，生计结果要么是获得更多的财富，要么是因为经营失败而重新成为贫困人员。随着国家保障措施的不断完善和农村一二三产业融合发展，人力资本水平较高、物质资本和金融资本比较良好、具有一定社会资本的脱贫户，可以选择从事非农业家庭经营，提高综合生计水平。政府应重点为他们提供非农经营相关技能培训，帮助他们把握市场动态和前沿技术。同时要严格依法保护经营主体的权益，对主动从事家庭经营的脱贫户给予合理激励。

（2）优化生计资本结构，维持家庭生计稳定。五种生计资本中，人力资本、物质资本和社会资本最能够保值增值，为贫困户带来生计改善。人力资本提升表现为脱贫户教育水平、知识技能、健康水平等方面的提升，使得脱贫户在劳动力市场具有竞争优势；物质资本提升主要表现在完善交通、水利、灌溉等基础设施，通过生产条件改善来提高农业生产效率；社会资本能够为脱贫户提供社会支撑网络，帮助脱贫户获得金融资本、物质资本。

人力资本和社会资本增长缓慢，需要长期投入，现阶段帮扶政策更侧重物质资本的投入，脱贫户生计资本存在结构不平衡，不利于政策发挥长效作用。因此，政府应该调整对生计资本的投入，实现生计资本均衡增长。

①理性投入物质资本。当前，国家对脱贫地区投入的重点在基础设施建设和物资馈赠方面。基础设施的完善和提升能够改善脱贫地区脱贫户的

生产生活条件，但与发达地区基础设施建设水平相比仍有差距，如道路级别不高、医疗卫生设施不足等。物资馈赠方面，“给钱给物”式的物质帮扶能在短期内给脱贫户带来实惠，但从长远来看，对脱贫户的能力提升帮助有限，反而有可能加重脱贫户“等、靠、要”的思想。因此，应该有针对性地投入物质资本。基础设施建设方面，重点向基础更薄弱、供需缺口更大的原深度贫困地区倾斜，缩小差距；物资馈赠方面，应多关注丧失劳动能力的脱贫户，对具有发展能力的脱贫户不应给予过多。

②扩大金融资本投入范围。金融帮扶政策和资金供给能够解决脱贫户的融资困难问题，增加脱贫户的金融资本，增强脱贫户的融资偿债能力、风险抵抗能力、信息接受能力等，降低脱贫户的脱贫脆弱性。当前的金融政策并不能覆盖所有脱贫户，对不同脱贫户的扶持力度也不同，如金融机构的覆盖面、小额贷款的可获得性、保险的分享保障程度等在不同地区和对象中存在差异，这有可能导致不同脱贫户之间的矛盾。政府应该加快促进金融资本投入的全面化和规范化，探索将自然资本转变为金融资本的创新模式，如农村土地抵押贷款、农房抵押贷款、多户联保农地抵押贷款等多种贷款模式，使更多有需要的农户得到金融支持，同时通过规范制度流程来保障金融机构的资金安全。

③加大人力资本投入。与基础设施改造、物资馈赠、资金供给等资本投入的直接效果不同，教育投资、技能培训等人力资本投入见效周期较长，效果具有隐蔽性。以往在脱贫攻坚任务的压力下，政府和对口帮扶部门往往会选择快速有效的帮扶手段，忽视人力资本的长期投入。人力资本是生计资本最重要的部分，对脱贫户生计资本积累和收入增长的作用是长期和可持续的，也是乡村振兴中人才振兴的核心要素。政府应从教育、技能培训、生产经验等方面加大对脱贫户人力资本的投入，提高农户家庭劳动力质量和经营水平，帮助脱贫户建立可持续生计，实现长效稳定脱贫。

④重视社会资本投入。社会资本指的是社会网络中人与人之间关系的总和，拥有较高社会资本的农户人脉关系较广，综合能力强，能够获得较多的社会资源；而社会资本较低的农户，社会关系较为松散，缺少人际关系，获取资源的途径较少。精准扶贫政策实施期间，对口帮扶、结对帮扶、驻村工作组和第一书记在一定程度上扩大了贫困户的社会网络，但是这类社会网络具有短期性，一旦政策停止，贫困户就无法享受到帮扶主体

所搭建的社会网络资源。因此，政府应重视社会资源的作用，建立社会资本持续增长机制，加强脱贫地区群体内部合作互助、脱贫地区与外部群体合作互助，帮助脱贫户搭建连接面广、紧密度高、时效性长的社会网络。

(3) 兼顾效益与公平，关注农村经济长效发展。脱贫户异质性导致不同脱贫户抗风险能力不同，对政策依赖程度不同，这会导致脱贫户群体内部出现占有政策资源的不平等。同时，非建档立卡的低收入群体也较容易陷入贫困，却无法享受到国家帮扶政策。因此，政府在制定帮扶政策时应该同时考虑政策实施效果与政策的公平性。

①分类施策，实现脱贫群体内部的公平性。现有合作社更倾向于帮扶低生计资本和可选择生计策略较少的脱贫户，对于具有发展能力的脱贫户帮扶力度较小。乡村振兴战略背景下，政府应该对具有不同生计资本特征、不同生计策略选择、不同收入水平、不同发展能力的脱贫户分类施策。既要关注收入最低的群体，也要关注有发展能力脱贫群体的可持续发展；要吸纳更广泛的群体参与合作社发展，为自身发展能力较强的农户创造更多的发展机会；要保证已经加入合作社的社员享有公平的服务和机会；要实现不同农户群体之间的均衡发展。

②构建固定化制度体系，实现脱贫群体与非贫困群体之间的公平性。当前我国农村依然存在大量非建档立卡低收入人口，他们同样具有生计脆弱性特征，一旦受到外部风险冲击，很容易陷入贫困境地，但是他们却不在国家帮扶政策范围内，会因此产生“相对被剥夺感”，导致邻里之间、非贫困户与脱贫户之间出现各种矛盾。现有农村帮扶政策临时性较强，长期发展所需要的农村基层治理改革、经营体制创新、土地产权制度改革、集体资产股份制改革等政策内容实施相对迟缓。长远来看，基于“三农”发展所面临重大问题的制度改革而开展的帮扶工作才是真正有效的。政府应该在实施乡村振兴战略和进一步深化农村改革的背景下，重视制度改革，构建系统、长效的制度体系，整合各类资源，优化农村经济发展。

7.2.3 具体措施建议

(1) 以规划引领产业发展。地方政府可以参考省级规划，按照当地资源禀赋、产业基础等条件，统筹考虑县、乡、村三级区域规划，找准区域发展定位，做出五年以上统一协调的中长期纲要或规划。

①构建产业帮扶规划体系结构。从区域整体帮扶战略、区域产业帮扶规划、专项帮扶产业规划、帮扶产业项目规划四个层次展开。在明确区域帮扶战略基础上，对区域产业帮扶进行整体布局和规划；在明确区域规划的前提下，理清产业的发展次序，详细规划主导产业、支撑产业和跟随产业的发展进程；在明确专项产业规划的前提下为产业项目进行详细规划。

②选择专家团队，科学论证规划。产业规划设计要求专业性强，不能从工程实施角度寻求建设规划单位做规划，要寻求理论水平较强、掌握国际国内产业发展现状及趋势、对当地实际情况了解透彻的专家来做。同时，由于产业规划涉及许多不同的产业，不能简单地交给某一位专家，要重视专家的团队性。

③建立动态反馈机制。国际反贫困经验强调贫困户的参与、融入与赋权。要加强与脱贫户的沟通，鼓励当地居民积极反馈和检测所在区域的项目进展。梳理四个维度规划，制定各类项目投资预算和资金安排，排出时间表、进程图，在每个关键节点组织专家评审及村民会谈，总结反馈，及时纠偏。

（2）完善支撑平台作用。帮扶产业发展需要政府持续提供技术、资金、服务等支撑，各地积极落实帮扶政策，建立融资、服务、信息、项目、科技等各类帮扶支农平台，但在实际操作中，存在支撑平台整合性不足、服务机构和人员专业性和稳定性不足等问题。各类支撑平台隶属不同部门，多个部门在扶贫产业项目融资、土地流转、技术服务、市场对接等方面无法合力发挥中介效应，有效模式尚在探索中。借鉴国际成功经验以及国内成功案例，建议依托各地优质培训机构，整合各类帮扶支农平台，建立产业发展支撑平台。

①探索平台模式。产业发展支撑平台是由政府主导的专业服务机构，可为企业和个体提供全面支持。面向企业，与创新创业孵化平台类似，为企业提供系列中介服务和增值服务。面向个体，一方面，为参与产业项目的脱贫户提供技能培训；另一方面，为自主创业的脱贫户提供“保姆式”创业服务。实现产业生命周期所需服务的全覆盖。

②建立健全平台建设运行机制。从统筹规划、孵化选种、项目分类管理、资源整合、利益联结、监督管理、考核评价等方面建立配套机制，促

进平台发挥有效作用。

③积极开展试点。与工业孵化园区不同，产业发展支撑平台不需要重新铺摊子，不强调物理空间建设，重点在于核心团队建设。可以借鉴湖北省十堰市郧西县（武陵山区）的做法，郧西县为蔬菜产业成立了专门的产业发展办公室（专职），组建了专家团队，联合现有如合作社、种养基地、龙头企业等新型经营主体，通过“现金＋”、有条件的现金转移（CCT）等方法为区域及个人产业项目提供支撑服务。

（3）重振乡村文明。脱贫地区民众文化土壤贫瘠，文明程度偏低。要重振乡村文明，唤醒农民沉睡的意识、给予他们致富的路子，提升乡土民众的智识力、生产力、强健力和团结力，推动产业帮扶与精神帮扶的一体化进程。

①修复还原文化生态。脱贫乡村多在山区，长期处于相对闭塞的交通和信息环境，形成了独具特色的饮食文化、服饰文化、建筑文化等地域文化和人文历史，每个乡村都有其独特的气质，通过传承、修复、融合、进化等手段发掘村落的文化内涵、梳理文化肌理，结合现代人的文化需求重塑乡村文化。这样可以增强成员的身份认同感，形成凝聚力。

②从精神层面激发脱贫户的成就感和自豪感。让村民梳理自家宗族历史，发掘历史故事，深度参与民俗文化设计；建立村民反馈机制，鼓励村民积极监督所在区域的项目进展，在关键节点组织专家与村民会谈，吸收采纳村民的反馈意见。

③开展现代思想教育。建设固定的培训场地（村活动中心），设计完整的课程体系，编制因地制宜的教材，组建长期跟踪的专家团队，开展全方位思想教育。课程应该包括传统文化教育、国家政策宣讲、生理与心理健康培训、现代农民基本技能培训、家庭实用技术培训、特色专业技术骨干培训等，还要针对农村场域的常见问题，如婚姻问题、留守老人与儿童问题、老人赡养问题、邻里纠纷问题、人情往来问题、封建迷信问题等开展系列讲座。

（4）加大教育投入力度。教育是提升脱贫人口就业质量、建立脱贫户家庭可持续生计、打破贫困代际传递、减少贫困的重要手段，要加强对脱贫地区人力资本的投入，提高脱贫户受教育水平。

①加大教育投入力度。国家通过财政补贴、专项资金、转移性支出等

方式扶持脱贫地区的教育发展，解决家庭经济困难的适龄学生入学经济负担。

②提高学校教育水平。通过长期性对口教育帮扶、定点支教、培训学习等手段增加脱贫地区教师与优质教育资源的接触与了解，提升脱贫地区教师业务水平；利用互联网、多媒体等技术，开展远程互动教学功能，将发达地区的优质教育资源共享给脱贫地区。

③完善技能培训体系。为脱贫人口设计满足从业需求的技能培训课程，增强脱贫人口在劳动力市场上的竞争优势，实现内生发展。为外出务工或自主创业的人群提供机械加工、信息技术、电子商务等专业技能培训，为从事农业生产的人群提供种植、养殖技术，充分挖掘脱贫人口的人力资源潜力。

（5）优化人才培养机制。人才是核心生产力。只有培养大批懂技术、会管理、能创新的人才，并让他们扎根农村，为农村发展贡献力量，才能真正解决“三农”问题，实现乡村振兴。

①加快农业高层次人才队伍建设。加强与科研机构的合作，探索高层次人才聘用机制，建立专家库，充实农业科技人才力量。在人才梯队建设中，重点关注“投资农业的企业家”“乡贤”“基层创业的大学生”“村庄内部带头人”，落实各项优惠政策，鼓励高层次人才回乡发展产业。

②加强高素质农民培养。营造农村创业和就业的良好环境，引导和鼓励各类人才成为新型农业经营主体。探索新型经营主体的培养教育制度，搭建县域合作社带头人人才库，建设产业发展人才培养实训基地，提升农民的生产技能和经营技能。

③关注基层领导干部的发展。从精神层面和物质层面关心基层领导干部，关注他们的身心发展，消除他们在工作中的顾虑和不满，提升工作积极性和主动性，使其能够全身心投入到“三农”工作中。可以将优秀返乡人才培养为后备干部，为基层组织注入新鲜活力。

④发挥村域非正式组织的作用。村域中的精英阶层作为非政府公职人员可以优化公共权力结构，产生替代性的治理效能。在产业发展进程中，可以把老党员、老干部组织起来，成立民事调解组、矛盾纠纷化解组，构建自上而下的沟通渠道。

（6）重塑乡村社会网络。农村场域中，政府的政策主张通常都是由村干部基于熟人关系展开，并在此基础上抓住其中对于村民而言最显而易见的利害关系，通过“利益引诱”让村民参与其中。要加强脱贫地区社会资本的投入，增加脱贫户的社会资本积累，构建结实牢固的社会网络。

①明确帮扶主体的责任和义务。脱贫不脱政策，在乡村振兴战略背景下，对口帮扶单位、对口帮扶干部在规定的年限内仍要为脱贫户提供帮助和支持，帮助脱贫户建立自己的社会网络，拓展连接型社会资本。

②鼓励村庄内部合作。脱贫户最先建立起来的社会网络是村域范围内的人际、资金等网络，因此，要筑牢村庄内部的互助关系网络，发挥村庄内部社会资本的价值，培育黏合性强的村域社会资本，发展壮大村集体经济。

7.3　未来研究

本研究关注农户增收问题和合作社成员异质性问题，基于可持续生计理论、参与式扶贫理论、赋权理论等，分析农户加入合作社的行为倾向、合作社增收效应、合作社增收效应的反事实结果、收入细分和生计资本异质性视角下合作社的增收机理。研究得到了一些有意义的结论，但是由于研究条件、研究时间、篇幅等限制，本书存在一些不足：

第一，本研究较多关注客观影响因素，对主观影响因素讨论不足。由于调研成本、调研时间的限制，本研究所获取的数据指标多集中在贫困户的家庭特征和行为表现，对于贫困户的心理因素探测不足，如是否愿意加入合作社的愿望、对现有合作社的满意度、对政策的满意度、对村干部的信任度等指标。

第二，本研究运用微观计量方法分析因果关系，对机器学习方法应用不足。对农户增收问题的深入研究要涉及更大规模、更加复杂的数据，统计分析的模型方法不适用于大样本和高维数据，对复杂数据的处理能力相对较弱。本研究尚未探讨如何使用机器学习方法对更大量的样本数据进行因果关系分析。

未来的研究将会在以下几个方面更进一步：

第一，扩大样本区域和样本数量。补充其他贫困地区的数据，根据不同地区的经济、文化、社会特征及合作社的发展状况，探索更普遍的农户增收的影响因素及合作社的增收效应。对“直过民族”和“非直过民族”生活的地区进行对比研究，比较不同地区合作社发展效果的差异，探索因地制宜的农户增收路径。

第二，补充农户主观心理类指标。现有数据指标涵盖了较为全面的贫困户家庭特征、贫困特征、帮扶手段、收入等指标，补充农户的心理特征指标，有助于在帮扶模式多样化、致贫原因复杂化、农户特征差异化等约束下，分离出合作社增收的净效应。

第三，运用机器学习进行因果关系推断。大数据与管理学的融合处于初步阶段，利用机器学习进行因果关系检测的方法在经济学、管理学研究领域属于新兴的研究方法，具有一定的创新性和探索性。在海量数据的支撑下，探索机器学习在高维数据因果推断中的应用，引入更多协变量，建立更逼近经验现实的模型体系。

参考文献

[1] 汪三贵，曾小溪．从区域扶贫开发到精准扶贫——改革开放40年中国扶贫政策的演进及脱贫攻坚的难点和对策 [J]. 农业经济问题，2018 (8)：40-50.

[2] 孔祥智．全面小康视域下的农村公共产品供给 [J]. 中国人民大学学报，2020，34 (6)：20-34.

[3] 左停，田甜．脱贫动力与发展空间：空间理论视角下的贫困人口内生动力研究——以中国西南一个深度贫困村为例 [J]. 贵州社会科学，2019，351 (3)：142-150.

[4] 谭小芬，姜媌媌．人民币汇率升值的产业结构调整效应——基于var模型的实证研究 [J]. 宏观经济研究，2012 (3)：48-54.

[5] 汪三贵，曾小溪．后2020贫困问题初探 [J]. 河海大学学报：哲学社会科学版，2018，20 (2)：13-19，95.

[6] Jeanneney S G，Kpodar K. Financial development and poverty reduction：Can there be a benefit without a cost? [J]. Journal of Development Studies，2008，8 (62)：81-94.

[7] 徐旭初，吴彬．合作社是小农户和现代农业发展有机衔接的理想载体吗？[J]. 中国农村经济，2018，407 (11)：82-97.

[8] 张琦，孔梅．"十四五"时期我国的减贫目标及战略重点 [J]. 改革，2019，309 (11)：117-125.

[9] 栗萧．农村区域经济发展的思考 [J]. 管理观察，2019，722 (15)：94-95.

[10] 宁静，殷浩栋，汪三贵，刘明月．产业扶贫对农户收入的影响机制及效果——基于乌蒙山和六盘山片区产业扶贫试点项目的准实验研究 [J]. 中南财经政法大学学报，2019，235 (4)：59-67，89，160-161.

[11] 韩广富，辛远．相对贫困视角下中国农村贫困治理的变迁与发展 [J]. 中国农业大学学报：社会科学版，2021 (6)：50-60.

[12] 汪三贵，冯紫曦．脱贫攻坚与乡村振兴有机衔接：逻辑关系、内涵与重点内容 [J]. 南京农业大学学报（社会科学版），2019，19 (5)：8-14.

[13] Michael R C，Christopher B. The economics of poverty traps and persistent poverty：An asset-based approach [J]. Social Science Electronic Publishing，2006，42 (2)：178-199.

[14] Fisher J，Cdm Meena V Patel，Rahman A，et al. Prevalence and determinants of

common perinatal mental disorders in women in low-and lower-middle-income countries: a systematic review [J]. Bull World Health Organ, 2012, 90 (2): 139 - 149.

[15] Knorringa P, Iva Pesa, Andre Leliveld, et al. Frugal innovation and development: Aides or adversaries? [J]. European Journal of Development Research, 2016, 28 (2): 143 - 153.

[16] Desmond. The ecology of rural poverty [J]. Nature Ecology and Evolution, 2017, (1): 1060 - 1071.

[17] Jde Gabrieli, Bunge S A. The stamp of poverty [J]. Scientific American Mind, 2016, 28 (1): 54 - 61.

[18] Rao N D, Bj Van Ruijven, Riahi K, et al. Improving poverty and inequality modelling in climate research [J]. Nature Climate Change, 2017, 7 (12): 857 - 862.

[19] Filmer D, Pritchett L H. Estimating wealth effects without expenditure data or tears: An application to educational enrollments in states of India [J]. Demography, 2001, 38 (1): 115 - 132.

[20] Black R E, Allen L H, Zqa Bhutta, et al. Lancet series on maternal and child undernutrition. Maternal and child undernutrition 1: global and regional exposures and health consequences [J]. Child Care Health and Development, 2010, 34 (3): 243 - 260.

[21] Menke A, Casagrande S, Geiss L, et al. Prevalence of and trends in diabetes among adults in the United States, 1988—2012 [J]. Jama, 2015, 314 (10): 1021 - 1029.

[22] Chetty R, StepnerM, Abraham S, et al. The association between income and life expectancy in the United States, 2001—2014 [J]. Journal of the American Medical Association, 2016, 315 (16): 1750 - 1766.

[23] Erola J, Jalonen H. Parental education, class and income over early life course and children's achievement [J]. Research in Social Stratification and Mobility, 2016 (44): 33 - 43.

[24] Bruch E E, Provins E. Income inequality and income segregation [J]. Research in Social Stratification and Mobility, 2010, 116 (4): 1092 - 1153.

[25] Barrett C B, Lem Bevis. The self-reinforcing feedback between low soil fertility and chronic poverty [J]. Nature Geoscience, 2015 (8): 907 - 912.

[26] Angelsen, Jagger, Babigumira, et al. Environmental income and rural livelihoods: A global comparative analysis [J]. World Development, 2014, 64: 12 - 28.

[27] Ma W, Abdulai A. Does cooperative membership improve household welfare? Evidence from apple farmers in china [J]. Food Policy, 2016, 58: 94 - 102.

[28] 杨灿明，郭慧芳．从农民收入来源构成看农民增收［J］．中南财经政法大学学报，2006（4）：23-28.

[29] 叶彩霞，施国庆，陈绍军．地区差异对农民收入结构影响的实证分析［J］．经济问题，2010（10）：105-109.

[30] 吴敬琏．农村剩余劳动力转移与“三农”问题［J］．宏观经济研究，2002（6）：5-8.

[31] 蔡昉．户籍制度改革与城乡社会福利制度统筹［J］．经济学动态，2010（12）：4-10.

[32] 廖文梅，乔金笛，高雪萍，等．劳动力转移对农户脱贫路径的影响研究：基于收入中介效应模型分析［J］．中国农业大学学报，2019，24（4）：207-215.

[33] 樊新生，李小建．欠发达地区农户收入的地理影响分析［J］．中国农村经济，2008（3）：16-23.

[34] 李小建，高更和，乔家君．农户收入的农区发展环境影响分析——基于河南省1 251家农户的调查［J］．地理研究，2008，27（5）：1037-1047.

[35] 姚懿桐，王雅鹏，申庆玲．劳动力外出务工对农户家庭收入的影响——以湖北省4个县（市）为例［J］．浙江农业学报，2015，（4）：690.

[36] 程名望，Jin Yanhong，盖庆恩，等．农村减贫：应该更关注教育还是健康？——基于收入增长和差距缩小双重视角的实证［J］．经济研究，2014，（11）：130-144.

[37] 陈志，丁士军，吴海涛．帮扶主体、帮扶措施与帮扶效果研究——基于华中1县精准扶贫实绩核查数据的实证分析［J］．财政研究，2017（10）：103-112.

[38] 熊雪，聂凤英，毕洁颖．贫困地区农户培训的收入效应——以云南、贵州和陕西为例的实证研究［J］．农业技术经济，2017，（6）：97-107.

[39] 刘俊文．农民专业合作社对贫困农户收入及其稳定性的影响——以山东，贵州两省为例［J］．中国农村经济，2017（2）：44-55.

[40] 赵晓峰，邢成举．农民合作社与精准扶贫协同发展机制构建：理论逻辑与实践路径［J］．农业经济问题，2016，37（4）：23-29.

[41] 林乐芬，顾庆康．农户入股农村土地股份合作社决策和绩效评价分析——基于江苏1831份农户调查［J］．农业技术经济，2017（11）：49-60.

[42] 郭新平，赵瑞宁．农民专业合作社参与精准扶贫的运行方式——基于山西省l县y乡的实证研究［J］．山西农业大学学报（社会科学版），2018，17（2）：31-37.

[43] 张淑辉，沈宇丹，高雷虹．合作经济组织扶贫的农户收入效应——基于倾向得分匹配法的实证分析［J］．华东经济管理，2018（9）：165-172.

[44] Ward P S. Transient poverty, poverty dynamics, and vulnerability to poverty: An empirical analysis using a balanced panel from rural China［J］. World Development, 2016, 78: 541-553.

[45] Alkire S, Sumner A. Multidimensional poverty and the post - 2015 MDGs [J]. Development, 2013, 56 (1): 46 - 51.

[46] Abebaw D, Haile M G. The impact of cooperatives on agricultural technology adoption: Empirical evidence from Ethiopia [J]. Food Policy, 2013, 38 (1): 82 - 91.

[47] 吴中全，杨志红，王志章．生态补偿，精英俘获与农村居民收入——基于重庆市酉阳县 11 个易地扶贫搬迁安置点的微观数据 [J]. 西南大学学报：社会科学版，2020，4 (1)：69 - 78.

[48] 邢成举，李小云．精英俘获与财政扶贫项目目标偏离的研究 [J]. 中国行政管理，2013 (9)：111 - 115.

[49] Galasso E, Ravallion M. Decentralized targeting of an antipoverty program [J]. Journal of Public Economics, 2005, 89 (4): 705 - 727.

[50] Mansuri G, Rao V. Localizing development: Does participation work? [J]. World Bank Publications, 2012, 112 (2): 201 - 205.

[51] Platteau J P, Somville V, Wahhaj Z. Elite capture through information distortion: A theoretical essay [J]. Journal of Development Economics, 2014, 106: 250 - 263.

[52] Lei P, Christiaensen L. Who is vouching for the input voucher? Decentralized targeting and elite capture in Tanzania [J]. World Development, 2012, 40 (8): 1619 - 1633.

[53] 胡联．贫困地区农民专业合作社与农户收入增长——基于双重差分法的实证分析 [J]. 财经科学，2014 (12)：117 - 126.

[54] 徐志刚，谭鑫，廖小静．农民合作社核心成员社会资本与政策资源获取及成员受益差异 [J]. 南京农业大学学报（社会科学版），2017，17 (6)：82 - 91.

[55] 丁建军．多维贫困的理论基础、测度方法及实践进展 [J]. 西部论坛，2014，24 (1)：61 - 70.

[56] 熊正贤．特色文化产业扶贫的特征分析与绩效问题研究——以武陵山区为例 [J]. 云南民族大学学报（哲学社会科学版），2017，(4)：108 - 115.

[57] 王志章，王静．长江上游地区承接产业转移的脱贫绩效研究 [J]. 西南大学学报（社会科学版），2018，44 (1)：38 - 46.

[58] 王立剑，叶小刚，陈杰．精准识别视角下产业扶贫效果评估 [J]. 中国人口资源与环境，2018，28 (1)：113 - 123.

[59] Michael L Cook. The future of U. S. agricultural cooperatives: A neo-institutional approach [J]. American Journal of Agricultural Economics, 1995, 77 (5): 1153 - 1159.

[60] 应瑞瑶，朱哲毅，徐志刚．中国农民专业合作社为什么选择“不规范”[J]. 农业经济问题，2017，11 (192)：6 - 15，112.

[61] Bergman M Antitrust, marketing cooperatives, and market power [J]. European

Journal of Law and Economics，1997，4（1）：73－92.

［62］黄祖辉．农民合作：必然性，变革态势与启示［J］．中国农村经济，2000（8）：4－8.

［63］Bijman J，Hendrikse E G. Cooperatives in chains：institutional restructuring in the dutch fruit and vegetables industry［J］. Erim Report，2008，3（2）：95－107.

［64］Theodossiou G. Willingness to invest in agricultural cooperatives：Evidence from Greece［J］. Journal of Rural Co-operation，2014，42（2）：122－138.

［65］Zusman P，Rausser G C. Intraorganizational influence relations and the optimality of collective action［J］. Journal of Economic Behavior & Organization，1992，24（1）：1－17.

［66］Peter C Boxall，Wiktor L Adamowicz. Understanding heterogeneous preferences in random utility models：A latent class approach［J］. Environmental &Resource Economics，2002，23（4）：421－446.

［67］黄祖辉，徐旭初．基于能力和关系的合作治理——对浙江省农民专业合作社治理结构的解释［J］．浙江社会科学，2006（1）：7.

［68］邓宏图，鹿媛媛．同质性农户，异质性大户，基层政府与合作社——经济解释与案例观察［J］．中国经济问题，2014（4）：10.

［69］Dentoni，Menozzi，Capelli M G. Group heterogeneity and cooperation on the geographical indication regulation：The case of the "prosciutto di parma" consortium［J］. Food Policy，2012，37（3）：207－216.

［70］Kostas Karantininis，Angelo Zago. Cooperatives and membership commitment：Endogenous membership in mixed duopsonies［J］. American Journal of Agricultural Economics，2001，83（5）：1266－1272.

［71］Iliopoulos C，Cook M L. The efficiency of internal resource allocation decisions in customer-owned firms：The influence costs problem introduction［J］. Annals of Educational Research，2009：289－294.

［72］Harvey S James，Michael E Sykuta. Farmer trust in producer-and investor-owned firms：Evidence from missouri corn and soybean producers［J］. Agribusiness，2006，22（1）：135－153.

［73］Andrei Cechin，Jos Bijman，Stefano Pascucci，et al. Drivers of pro-active member participation in agricultural cooperatives：EVIDENCE from Brazil［J］. Annals of Public & Cooperative Economics，2013，84（4）：443－468.

［74］Liang Q，Hendrikse G. Pooling and the yardstick effect of cooperatives［J］. Agricultural Systems，2016，143：97－105.

［75］Alho E. Farmers' willingness to invest in new cooperative instruments：a choice ex-

periment [J]. Annals of Public and Cooperative Economics，2019，90：27-36.
[76] 于会娟，韩立民．要素禀赋差异、成员异质性与农民专业合作社治理 [J]. 山东大学学报（哲学社会科学版），2013（2）：156-160.
[77] 徐旭初，邵科．合作社成员异质性：内涵特征，演化路径与应对方略 [J]. 农林经济管理学报，2014（6）：571-576.
[78] 林坚，黄胜忠．成员异质性与农民专业合作社的所有权分析 [J]. 农业经济问题，2007（10）：12-17.
[79] 黄珺，朱国玮．异质性成员关系下的合作均衡——基于我国农民合作经济组织成员关系的研究 [J]. 农业技术经济，2007（5）：6.
[80] 宫哲元．集体行动逻辑视角下合作社原则的变迁 [J]. 中国农村观察，2008（5）：37-41，58.
[81] 孔祥智，蒋忱忱．成员异质性对合作社治理机制的影响分析——以四川省井研县联合水果合作社为例 [J]. 农村经济，2010（9）：8-11.
[82] 楼栋，孔祥智．农民合作社成员异质性研究回顾与展望 [J]. 华中农业大学学报社会科学版，2014（3）：75-81.
[83] 徐旭初，吴彬．异化抑或创新？——对中国农民合作社特殊性的理论思考 [J]. 中国农村经济，2017（12）：2-17.
[84] Lavori P W，Krause-Steinrauf H，Brophy M，et al. Principles，organization，and operation of a DNA bank for clinical trials：a department of veterans affairs cooperative study [J]. Controlled Clinical Trials，2002，23（3）：222-239.
[85] 马彦丽，孟彩英．我国农民专业合作社的双重委托-代理关系——兼论存在的问题及改进思路 [J]. 农业经济问题，2008（3）：55-60.
[86] 杜吟棠，潘劲．我国新型农民合作社的雏形——京郊专业合作组织案例调查及理论探讨 [J]. 管理世界，2000，（1）：161-168.
[87] 苑鹏．中国农村市场化进程中的农民合作组织研究 [J]. 中国社会科学，2001（6）：63-73.
[88] 赵晓峰，袁松．泵站困境、农民合作与制度建构——一个博弈论的分析视角 [J]. 甘肃社会科学，2007（2）：8-10.
[89] 罗明忠，陈江华．资源禀赋、外部环境与农民创业组织形式选择 [J]. 产经评论，2016，7（4）：13.
[90] 孟祥东，薛兴利．农民专业合作社利益机制研究综述 [J]. 合作经济与科技，2015（16）：77-79.
[91] 冯娟娟，霍学喜．合作社利益分配，治理行为与产权结构安排——基于苹果种植户合作社的经验证据 [J]. 农村经济，2017，12（422）：106-113.
[92] 罗玉峰，邓衡山，陈菲菲，徐志刚．农民专业合作社的农户参与：自选择还是被参

与［J］. 农业现代化研究，2017，38（1）：103-110.

［93］丁志刚，李航．精准扶贫中的“精神贫困”及其纾解——基于认知失调理论的视角［J］. 新疆社会科学（汉文版），2019（5）：136-144.

［94］方迎风．行为视角下的贫困研究新动态［J］. 经济学动态，2019，695（1）：133-146.

［95］Fischer F. Handbook of public policy analysis：Theory，politics，and methods［M］. New York：Routledge，2006.

［96］Ravallion M. Evaluating anti-poverty programs［J］. Handbook of Development Economics，2006，4：3787-3846.

［97］申云，彭小兵．链式融资模式与精准扶贫效果——基于准实验研究［J］. 财经研究，2016（9）：4-15.

［98］Cobb-Clark D A，Crossley T F. Econometrics for evaluations：An introduction to recent developments［J］. Economic Record，2003，79（247）：491-511.

［99］Crook R C. Decentralization and poverty reduction in Africa：The politics of local-central relations［J］. Public Administration & Development，2010，23（1）：77-88.

［100］Fernandes A，Becker S O，Bentolila S，et al. Income insecurity and youth emancipation：A theoretical approach［J］. Contributions in Economic Analysis & Policy，2008，8（1）：1783-1783.

［101］Paul R，Donald Rosenbaum，Rubin B. The central role of the propensity score in observational studies for causal effects［J］. Biometrika，1983，70（1）：41-55.

［102］Greene W H，Hensher D A. A latent class model for discrete choice analysis：Contrasts with mixed logit［J］. Transportation Research Part B Methodological，2003，37（8）：681-698.

［103］Scott L R，Vogelius M. Norm estimates for a maximal right inverse of the divergence operator in spaces of piecewise polynomials［J］. Esaim Mathematical Modelling & Numerical Analysis，2009，19（1）：111-143.

［104］Card A D. Using the longitudinal structure of earnings to estimate the effect of training programs［J］. The Review of Economics and Statistics，1985，67：111-123.

［105］Eissa N. Tax and transfer policy and female labor supply［D］. Harvard：Harvard University，1995.

［106］Viard V B，Economides N. The effect of content on global internet adoption and the Global Digital Divide［J］. Management Science，2015，61（3）：665-687.

［107］周黎安，陈烨．中国农村税费改革的政策效果：基于双重差分模型的估计［J］. 经济研究，2005，40（8）：44-53.

［108］刘瑞明，赵仁杰．国家高新区推动了地区经济发展吗？——基于双重差分方法的验

证 [J]. 管理世界，2015，263 (8)：38-46.

[109] Sook，Lee C，Brodbeck M. Dynamic nuclear polarization method of investigating the correlated ESR and NM Rc-axis variation effect in single crystals [J]. Physical Review B，1978，17 (9)：3484-3491.

[110] Maddala G S. Limited-dependent and qualitative variables in econometrics [J]. Cambridge Books，1983，6：84-99.

[111] Bharath S T，Sunder J，Sunder S V. Accounting quality and debt contracting [J]. Accounting Review，2008，7：48-59.

[112] 蔡晓慧，茹玉骢．地方政府基础设施投资会抑制企业技术创新吗？——基于中国制造业企业数据的经验研究 [J]. 管理世界，2016 (11)：32-52.

[113] 周京奎，王贵东，黄征学．生产率进步影响农村人力资本积累吗？——基于微观数据的研究 [J]. 经济研究，2019，54 (1)：100-115.

[114] 谭远发．父母政治资本如何影响子女工资溢价：”拼爹”还是”拼搏”？[J]. 管理世界，2015 (3)：22-33.

[115] 刘怡，李智慧，耿志祥．婚姻匹配、代际流动与家庭模式的个税改革 [J]. 管理世界，2017 (9)：60-72.

[116] 刘畅．父母健康：金钱和时间孰轻孰重？——农村子女外出务工影响的再审视 [J]. 管理世界，2017，286 (7)：74-87.

[117] 施炳展，李建桐．互联网是否促进了分工：来自中国制造业企业的证据 [J]. 管理世界，2020，36 (4)：148-167.

[118] 费景汉，B·雷诺兹，詹小洪，等．中国经济体制改革合理顺序的探讨 [J]. 经济社会体制比较，1986 (6)：1-8.

[119] He S Y，Giuliano G. Factors affecting children's journeys to school：a joint escort-mode choice model [J]. Transportation，2017，44：1-26.

[120] Ravallion M. Growth，inequality and poverty：Looking beyond averages [J]. World Development，2001，29 (11)：1803-1815.

[121] 周彬彬．向贫困挑战——国外缓解贫困的理论与实践 [M]. 北京：人民出版社，1991.

[122] 康晓光．中国贫困与反贫困理论 [M]. 南宁：广西人民出版社，1995.

[123] 胡鞍钢，李春波．新世纪的新贫困：知识贫困 [J]. 中国社会科学，2C01 (3)：70-81，206.

[124] 吴国宝，汪同三，李小云．中国式扶贫：战略调整正当其时 [J]. 人民论坛，2010 (1)：42-43.

[125] Runciman W G. Relative deprivation and social justice：A study of attitudes to social inequality in twentieth-century Britain [J]. Gregg Revivals，1966，12.

[126] Mander J E. Goldsmith E E. The case against the global economy and for a turn toward the local [J]. Bioscience, 1996, 48 (3): 173-175.

[127] Clarke G, Sison M. Voices from the top of the pile: Elite perceptions of poverty and the poor in the Philippines [J]. Development and Change, 2003, 34 (2): 121-130.

[128] 李小云，许汉泽．2020年后扶贫工作的若干思考［J］．国家行政学院学报，2018（1）：62-66.

[129] 霍萱，林闽钢．慢性贫困的理论透视及其整合［J］．河北大学学报（哲学社会科学版），2019，44（3）：139-147.

[130] 叶兴庆．扩大农村集体产权结构开放性必须迈过三道坎［J］．中国农村观察，2019（3）：10.

[131] 孙久文，张静，李承璋，卢怡贤．我国集中连片特困地区的战略判断与发展建议［J］．管理世界，2019，35（10）：156-165，191.

[132] 张明皓，叶敬忠．权威分化，行政吸纳与基层政府环境治理实践研究［J］．2021（4）：35-43.

[133] Koleda M S. Who shall live? Health, economics, and social choice [J]. American Political Science Association, 1977, 71 (3): 1176-1177.

[134] Gustafsson B, Ding S. Growing into relative income poverty: Urban China, 1988—2013 [J]. Social Indicators Research, 2020, 147 (5): 19-24.

[135] 汪磊，伍国勇．精准扶贫视域下我国农村地区贫困人口识别机制研究［J］．农村经济，2016（7）：112-117.

[136] Ringen S. Direct and indirect measures of poverty [J]. Journal of Social Policy, 1988, 17 (3): 351-365.

[137] Nolan B, Whelan C T. On the Multidimensionality of Poverty and Social Exclusion [M]. Poverty and Inequality: New Directions, 2007

[138] 赵文强．以自由看待发展——浅析阿马蒂亚·森的发展观［J］．经济论坛，2012（4）：172-174.

[139] 林毅夫，姜烨．经济结构、银行业结构与经济发展——基于分省面板数据的实证分析［J］．金融研究，2006（1）：7-22.

[140] 胡振光，向德平．精准扶贫的政策建构及演化逻辑［J］．西南民族大学学报（人文社科版），2018（8）：68-71.

[141] 邓维杰．精准扶贫的难点、对策与路径选择［J］．农村经济，2014（6）：78-81.

[142] 莫光辉，陈正文．脱贫攻坚中的政府角色定位及转型路径——精准扶贫绩效提升机制系列研究之一［J］．浙江学刊，2017（1）：156-163.

[143] 张秀艳，潘云．贫困理论与反贫困政策研究进展［J］．经济问题，2017（3）：

1-5.

[144] 赵景来．关于治理理论若干问题讨论综述 [J]. 世界经济与政治，2002 (3)：75-80.

[145] 张成福．变革时代的中国政府改革与创新 [J]. 中国人民大学学报，2008 (5)：1-10.

[146] 马晓河，郭丽岩，付保宗，等．推进供给侧结构性改革的基本理论与政策框架 [J]. 宏观经济研究，2017 (3)：3-15.

[147] 周小冬．何谓“贫困陷阱” [J]. 四川统一战线，2013 (4)：18.

[148] 谷树忠．贫困形势研判与减贫策略调整 [J]. 改革，2016，8 (270)：67-69.

[149] 白增博，孙庆刚，王芳．美国贫困救助政策对中国反贫困的启示——兼论 2020 年后中国扶贫工作 [J]. 世界农业，2017，12 (464)：107-113.

[150] 凌经球．可持续脱贫：新时代中国农村贫困治理的一个分析框架 [J]. 广西师范学院学报（哲学社会科学版），2018，39 (2)：97-111.

[151] Solis D. Weathering risk in rural Mexico：Climatic，institutional，and economic change [J]. Ecological Economics，2008，64：68-71.

[152] 刘解龙．经济新常态中的精准扶贫理论与机制创新 [J]. 湖南社会科学，2015 (4)：156-159.

[153] 朋文欢．农户异质背景下农民合作社减贫的困境和相关启示 [J]. 中国农民合作社，2018 (9)：49.

[154] 汪三贵，胡联．产业劳动密集度、产业发展与减贫效应研究 [J]. 财贸研究，2014 (3)：1-5.

[155] 黎沙．我国精准扶贫的实践困境及对策研究 [D]. 南京：南京大学，2016.

[156] 李培林，魏后凯．中国扶贫开发报告（2016）[J]. 经济学动态，2016 (12)：163.

[157] 欧志文．精准扶贫视角下湖南武陵山片区产业扶贫政策的探讨 [J]. 邵阳学院学报：社会科学版，2018，17 (3)：7.

[158] 孙晗霖，王志章，刘芮伶．民族地区财政扶贫绩效及其影响因素研究——基于渝东南地区的实证研究 [J]. 西南大学学报（自然科学版），2020，42 (306)：70-83.

[159] 胡守勇．共享发展视角下产业扶贫的问题及长效机制建设 [J]. 湖南社会科学，2018 (2)：127-132.

[160] 朱海波，聂凤英．深度贫困地区脱贫攻坚与乡村振兴有效衔接的逻辑与路径——产业发展的视角 [J]. 2021 (3)：15-25.

[161] 汪三贵，刘明月．从绝对贫困到相对贫困：理论关系，战略转变与政策重点 [J]. 华南师范大学学报：社会科学版，2020 (6)：13.

[162] 张耀文，郭晓鸣．中国反贫困成效可持续性的隐忧与长效机制构建——基于可持续生计框架的考察 [J]. 湖南农业大学学报（社会科学版），2019，20 (1)：62-69.

［163］孙晗霖，刘新智，张鹏瑶．贫困地区精准脱贫户生计可持续及其动态风险研究［J］．中国人口资源与环境，2019，29（2）：145－155.
［164］肖卫东，杜志雄．农村一二三产业融合：内涵要解，发展现状与未来思路［J］．西北农林科技大学学报（社会科学版），2019，19（6）：120－129.
［165］李冬慧，倪艳．环境规制对企业环境绩效的影响研究述评［J］．社会科学动态，2019（7）：64－69.
［166］刘建生，陈鑫，曹佳慧．产业精准扶贫作用机制研究［J］．2021（6）：127－135.
［167］杨艳琳，袁安．精准扶贫中的产业精准选择机制．华南农业大学学报（社会科学版），2019，18（72）：5－18.
［168］朱启臻．乡村振兴背景下的乡村产业——产业兴旺的一种社会学解释［J］．中国农业大学学报：社会科学版，2018，35（3）：7.
［169］平卫英，罗良清，张波．我国就业扶贫的现实基础，理论逻辑与实践经验［J］．管理世界，2021，37（7）：12.
［170］曾福生，蔡保忠．以产业兴旺促湖南乡村振兴战略的实现［J］．农业现代化研究，2018，39（2）：179－184.
［171］朱兆伟，徐祥临．乡村产业振兴如何起步［J］．人民论坛，2019（18）：90－91.
［172］张晓山．推动乡村产业振兴的供给侧结构性改革研究［J］．财经问题研究，2019（1）：8.
［173］徐旭初．农民专业合作：基于组织能力的产权安排——对浙江省农民专业合作社产权安排的一种解释［J］．浙江学刊，2006（3）：178－183.
［174］程漱兰，陈焱．反贫困中的私人投资和公共投资——世界银行《2000/2001 年世界发展报告》评介［J］．中国投资，2001（10）：84－85.
［175］黄祖辉．中国农民合作组织发展的若干理论与实践问题［J］．中国农村经济，2008（11）：4－7.
［176］赵晓峰，邢成举．农民合作社与精准扶贫协同发展机制构建：理论逻辑与实践路径［J］．农业经济问题，2016，37（4）：23－29.
［177］刘自敏．新型股份合作社逐渐兴起［J］．中国集体经济，2013（20）：9－10.
［178］Balasubramaniam S，Kumar S，Sethi R，et al. Quasi-experimental study of systematic screening for family planning services among postpartum women attending village health and nutrition days in jharkhand，india［J］．International Journal of Integrated Care，2018，18（1）：17－24.
［179］Soltani A，Angelsen A，Eid T，et al. Poverty，sustainability，and household livelihood strategies in Zagros，Iran［J］．Ecological Economics，2012，79（7）：60－70.
［180］Wang C，Zhang Y，Yang Y，et al. Assessment of sustainable livelihoods of different

farmers in hilly red soil erosion areas of southern China [J]. Ecological Indicators, 2016, 64 (5): 123-131.

[181] Paul S, Das T K. Development of an indicator based composite measure to assess livelihood sustainability of shifting cultivation dependent ethnic minorities in the disadvantageous northeastern region of India [J]. Ecological Indicators, 2020, 110: 16-20.

[182] 汤青，徐勇，李扬. 黄土高原农户可持续生计评估及未来生计策略——基于陕西延安市和宁夏固原市 1 076 户农户调查 [J]. 地理科学进展，2013，32 (2): 161-169.

[183] 曹国庆，郑瑞强. "领跑脱贫攻坚"的典型实践与政策建议 [J]. 中国扶贫，2016 (17): 60-63.

[184] 冯朝睿. 我国食品安全监管体制的多维度解析研究——基于整体性治理视角 [J]. 管理世界，2016 (4): 2.

[185] 雷咸胜，崔凤. 关于我国社会保障供给侧结构性改革的几点思考 [J]. 当代经济管理，2017，39 (2): 6.

[186] 黄承伟，周晶. 共赢——协同发展理念下的民营企业参与贫困治理研究 [J]. 内蒙古社会科学（汉文版），2015，36 (2): 144-149.

[187] 庄天慧，陈光燕，蓝红星. 精准扶贫主体行为逻辑与作用机制研究 [J]. 广西民族研究，2015 (6): 9.

[188] 郭劲光，俎邵静. 参与式模式下贫困农民内生发展能力培育研究 [J]. 2021 (4): 117-127.

[189] 王成峰. 正义还是人道：贫困治理中一个亟待解决的问题 [J]. 华中科技大学学报：社会科学版，2019，33 (4): 6.

[190] 梁伟军，谢若扬. 能力贫困视阈下的扶贫移民可持续脱贫能力建设研究 [J]. 华中农业大学学报（社科），2019 (4): 105-114.

[191] 赵玉. 多维透视扶贫治理主体合作难问题 [J]. 调研世界，2011 (10): 24-26.

[192] 陈秋红，粟后发. 贫困治理中主要利益相关者的多重摩擦和调适——基于广西 g 村的案例分析 [J]. 中国农村经济，2019 (5): 72-88.

[193] 吴映雪，周少来. 涉农资金整合下精准扶贫项目运作及其脱贫成效考察——以 h 县精准扶贫项目运作为例 [J]. 云南大学学报（社会科学版），2018，17 (2): 111-121.

[194] 刘建. 中外行政主体制度比较分析 [J]. 齐齐哈尔大学学报：哲学社会科学版，2007 (5): 74-75.

[195] 杨华锋. 贫困治理行政主导与社会协同的合作之路 [J]. 河南社会科学，2017 (9): 6.

[196] 李伟民，薛启航．新型农业经营主体参与精准扶贫的优势与困境：基于多元主体视角［J］．农村经济，2019（3）：73-79.

[197] 李俊杰，耿新．民族地区深度贫困现状及治理路径研究——以“三区三州”为例［J］．民族研究，2018（1）：47-57.

[198] 江克忠，刘生龙．收入结构，收入不平等与农村家庭贫困［J］．中国农村经济，2017（8）：75-90.

[199] Pearl J. Causality：Models，reasoning，and inference，second edition［J］．Cambridge University Press，2000，12：102-112.

[200] White，Halbert，Xun，et al. Causal diagrams for treatment effect estimation with application to efficient covariate selection［J］．Review of Economics & Statistics，2011，93（4）：1453-1459.

[201] Rodrigo Pinto，James J，Heckman. Econometric mediation analyses：Identifying the sources of treatment effects from experimentally estimated production technologies with unmeasured and mismeasured inputs［J］．Econometric review，2015，5：13-21.

[202] Imbens G. Potential outcome and directed acyclic graph approaches to causality：Relevance for empirical practice in economics［J］．Nber Working Papers，2019，3：123-129.

[203] Imbens G W，Rubin D B. Causal inference for statistics，social，and biomedical sciences：Stratified randomized experiments［J］．2015（9）：187-218.

[204] Kahan B C，Jairath V，Doré C J，et al. The risks and rewards of covariate adjustment in randomized trials：An assessment of 12 outcomes from 8studies［J］．Trials，2014，15（1）：139-145.

[205] Hernan M A，Vanderweele T J. Compound treatments and transportability of causal inference［J］．Epidemiology，2011，22（3）：368-377.

[206] Adab C，Ncd E. Understanding and misunderstanding randomized controlled trials［J］．Social Science & Medicine，2018，210：2-21.

[207] Pearl，Judea. Interpretation and identification of causal mediation［J］．Psychological Methods，2014，19（4）：459-481.

[208] Berkson J. Limitations of the application of fourfold table analysis to hospital data［J］．International Journal of Epidemiology，1946，2（3）：47-53.

[209] Simpson E H. The interpretation of interaction in contingency tables［J］．Journal of the Royal Statistical Society. Series B：Methodological，1951，13（2）：238-241.

[210] PEARL，JUDEA. Causal diagrams for empirical research［J］．Biometrika，1995，82（4）：702-710.

[211] Fischer E, Qaim M. Linking smallholders to markets: Determinants and impacts of farmer collective action in Kenya [J]. World Development, 2012, 40 (6): 1255 - 1268.

[212] Mojo D, Fischer C, De Gefa T. Collective action and aspirations: THE impact of cooperatives on ethiopian coffee farmers' aspirations [J]. Annals of Public and Cooperative Economics, 2016, 87 (2): 217 - 238.

[213] 孙亚范，余海鹏．农民专业合作社成员合作意愿及影响因素分析 [J]. 中国农村经济，2012 (6): 48 - 58.

[214] 蔡荣，郭晓东，马旺林．合作社社员信任行为实证分析——基于鲁陕两省 672 名苹果专业合作社社员的调查 [J]. 农业技术经济，2015 (10): 69 - 80.

[215] 张高亮，张璐璐，邱咸，等．基于计划行为理论的渔民参与专业合作组织行为的产生机理 [J]. 农业经济问题，2015, 36 (8): 97 - 104.

[216] Chagwiza C, Muradian R, Ruben R. Cooperative membership and dairy performance among smallholders in Ethiopia [J]. Food Policy, 2016, 59: 165 - 173.

[217] 韦惠兰，赵龙．畜牧业合作社成员参与度及影响因素分析 [J]. 甘肃社会科学，2018, 1 (232): 159 - 163.

[218] Wossen T, Abdoulaye T, Alene A, et al. Manyong. Impacts of extension access and cooperative membership on technology adoption and household welfare [J]. Journal of Rural Studies, 2017, 54: 223 - 233.

[219] 赵想，张明．农民参与专业合作社意愿影响因素综述 [J]. 青藏高原论坛：社会科学版，2018, 6 (3): 107 - 110.

[220] Chagwiza C, Muradian R, Ruben R. Cooperative membership and dairy performance among smallholders in ethiopia [J]. Food Policy, 2016, 59: 165 - 173.

[221] Ma W, Abdulai A. IPM adoption, cooperative membership and farm economic performance [J]. China Agricultural Economic Review, 2018, 89: 133 - 155.

[222] 郭红东，蒋文华．影响农户参与专业合作经济组织行为的因素分析——基于对浙江省农户的实证研究 [J]. 中国农村经济，2004 (5): 10 - 16.

[223] Ward P S. Transient poverty, poverty dynamics, and vulnerability to poverty: An empirical analysis using a balanced panel from rural China [J]. World Development, 2016, 78: 541 - 553.

[224] Dhahri S, Omri A. Entrepreneurship contribution to the three pillars of sustainable development: What does the evidence really say? [J]. World Development, 2018, 106: 64 - 77.

[225] Kahsay Y, Embaye A, Tekle G. Determination of optimum rates of n and pfertilizer for tomato at Mereb-lekhe District, Northern Ethiopia [J]. Journal of Agriculture

and Crops，2016，2：44 - 57.

[226] Lingel J. Information tactics of immigrants in urban environments [J]. Information Research，2011，16 (4)：165 - 175.

[227] Textor J. Drawing and analyzing causal DAGs with DAGitty [J]. Nucleic Acids Research，2015，32 (10)：3220 - 3227.

[228] Matchaya G C，Perotin V. The impact of cooperative patronage：The case of national small holder farmers' association (NASFAM) of Malawi in Kasungu district [J]. Agrekon，2013，52 (2)：75 - 103.

[229] Sebhatu K T，Gezahegn T W，Berhanu T，et al. Conflict，fraud，and distrust in Ethiopian agricultural cooperatives [J]. Journal of Cooperative Organization and Management，2020，8 (1)：100 - 106.

[230] Ashenfelter O C. Estimating the effect of training programs on earnings [J]. The Review of Economics and Statistics，1978，60：15 - 17.

[231] Abadie A，Imbens G W. Matching on the estimated propensity score [J]. Econometrica NBER Working Paper Series，2009，153 (1)：781 - 807.

[232] Heckman J，Ichimura H，Smith J，et al. Instrumental variables estimates of the effect of subsidized training on the quantiles of trainee earnings [J]. Proceedings of the National Academy of Sciences of the United States of America，1996，153 (1)：78 - 87.

[233] Abadie A，Imbens G W. Instrumental variables estimates of the effect of subsidized training on the quantiles of trainee earnings [J]. Econometrica NBER Working Paper Series，2002，70 (1)：91 - 117.

[234] Ho D E. Matching as nonparametric preprocessing for reducing model dependence in parametric causal inference [J]. Political Analysis，2007，15 (3)：199 - 236.

[235] Caliendo M，Kopeinig S. Some practical guidance for the implementation of propensity score matching [J]. Discussion Papers of DIW Berlin，2005，22 (1)：31 - 72.

[236] Sianesi B. An evaluation of the Swedish system of active labor market programs in the 1990s [J]. Review of Economics and Statistics，2004，86 (1)：133 - 155.

[237] 罗知，赵奇伟，严兵．约束机制和激励机制对国有企业长期投资的影响 [J]. 中国工业经济，2015 (10)：69 - 84.

[238] 李修科，燕继荣．中国协商民主的层次性——基于逻辑、场域和议题分析 [J]. 国家行政学院学报，2018 (5)：23 - 29.

[239] 葛斐．浙江省江干区村级集体经济股份合作制的农民增收效应研究——基于双重差分模型的估计 [J]. 中国农学通报，2013，29 (2)：91 - 96.

[240] Shiferaw B，Kassie M，Jaleta M，et al. Adoption of improved wheat varieties and

impacts on household food security in Ethiopia [J]. Food Policy, 2014, 44: 272-284.

[241] 丁建军，冷志明．区域贫困的地理学分析 [J]. 地理学报，2018，73 (2): 232-247.

[242] 李寻欢，周扬，陈玉福．区域多维贫困测量的理论与方法 [J]. 地理学报，2020，75 (4): 753-768.

[243] 贺雪峰．熟人社会的行动逻辑 [J]. 华中师范大学学报 (人文社会科学版)，2004，57 (1): 5-7.

[244] 李俊杰，宋来胜．教育助推“三区三州”跨越贫困陷阱的对策研究 [J]. 民族教育研究，2020，4 (1): 30-36.

[245] 冯开文．论1978年以前家庭承包责任制的出现——一个公有制，合作制实施机制创新试验的视角 [J]. 社会政策研究，2020，49 (3): 10.

[246] Bernard T, Collion M H, Janvry A D, et al. Sadoulet. Do village organizations make a difference in African rural development? A study for Senegal and Burkina Faso [J]. World Development, 2008, 36 (11): 2188-2204.

[247] Zeweld W, Nugusse G, Huylenbroeck Van, et al. Determinants of rural people to join cooperatives in Northern Ethiopia [J]. International Journal of Social Economics, 2013, 40 (12): 1094-1107.

[248] 谌仁俊，肖庆兰，兰受卿，等．中央环保督察能否提升企业绩效？——以上市工业企业为例 [J]. 经济评论，2019 (5): 36-49.

[249] Athey S, Imbens G. Identication and inference in nonlinear difierence-in-difierences models [J]. Econometrica, 2006, 74 (2): 431-497.

[250] Stephane Bonhomme, Sauder U. Recovering distributions in difference-in-differences models: A comparison of selective and comprehensive schooling [J]. Review of Economics & Statistics, 2011, 93 (2): 479-494.

[251] Callaway B, Li T, Oka T. Quantile treatment effects in difference in differences models with panel data [J]. Quantitative Economics, 2017, 10: 58-64.

[252] Bosco B. One size does not fit all: Quantile regression estimates of cross-country risk of poverty in Europe [J]. Economic Analysis and Policy, 2019, 62: 280-299.

[253] 彭飞，范子英．税收优惠、捐赠成本与企业捐赠 [J]. 世界经济，2016 (7): 144-167.

[254] 简泽，张涛，伏玉林．进口自由化，竞争与本土企业的全要素生产率——基于中国加入WTO的一个自然实验 [J]. 经济研究，2014，16 (8): 120-132.

[255] 温涛，王小华，杨丹，等．新形势下农户参与合作经济组织的行为特征、利益机制及决策效果 [J]. 管理世界，2015 (7): 82-97.

[256] 温铁军，杨帅．中国农村社会结构变化背景下的乡村治理与农村发展［J］．理论探讨，2012（6）：76－80.

[257] 吴毅．双重边缘化：村干部角色与行为的类型学分析［J］．管理世界，2002，25（11）：78－85.

[258] 李棉管．技术难题、政治过程与文化结果——“瞄准偏差”的三种研究视角及其对中国“精准扶贫”的启示［J］．社会学研究，2017（1）：217－241.

[259] 赵雪雁．地理学视角的可持续生计研究现状，问题与领域［J］．地理研究，2017，10（36）：45－58.

[260] 吕方，梅琳．“复杂政策”与国家治理——基于国家连片开发扶贫项目的讨论［J］．社会学研究，2017，32（3）：144－168.

[261] 苏飞，应蓉蓉，杨欣，等．旅游与生计可视化分析［J］．生态学报，2016，2（12）：3824－3833.

[262] 何仁伟，刘邵权，陈国阶，等．中国农户可持续生计研究进展及趋向［J］．地理科学进展，2013，32（4）：657－670.

[263] 陈相凝，武照亮，李心斐，等．退耕还林背景下生计资本对生计策略选择的影响分析——以西藏7县为例［J］．林业经济问题，2017，37（1）：56－62.

[264] Wang C，Zhang Y，Yang Y，et al. Assessment of sustainable livelihoods of different farmers in hilly red soil erosion areas of southern China［J］．Ecological Indicators，2016，64（5）：123－131.

[265] 刘玲，舒伯阳，马应心．可持续生计分析框架在乡村旅游研究中的改进与应用［J］．东岳论丛，40（306）：127－137.

[266] 席建超，张楠．乡村旅游聚落农户生计模式演化研究——野三坡旅游区苟各庄村案例实证［J］．旅游学刊，2016，4（7）：65－75.

[267] 刘玲．乡村旅游发展框架下农户生计策略影响因素分析——以河南省西河村为例［J］．资源开发与市场，2018，34（5）：63，135－138.

[268] 曹诗颂，赵文吉，段福洲．秦巴特困连片区生态资产与经济贫困的耦合关系［J］．地理研究，2015，34（7）：1295－1309.

[269] 易静，王凯，李志苗．生态移民户与非移民户的生计对比——以遗产旅游地武陵源为例［J］．资源科学，2016，38（8）：1621－1633.

[270] 刘伟，徐洁，黎洁．陕南易地扶贫搬迁农户生计脆弱性研究［J］．资源科学，2018，40（10）：2002－2014.

[271] 赵雪雁．不同生计方式农户的环境影响——以甘南高原为例［J］．地理科学，2013，33（5）：545－552.

[272] 贺爱琳，杨新军，陈佳，王子侨．乡村旅游发展对农户生计的影响——以秦岭北麓乡村旅游地为例［J］．经济地理，2014，34（12）：174－181.

[273] Obrist B. Special issue：Socialresilience and vulnerability：New approaches in mitigation research [J]. Progress in Development Studies，2010，10 (4)：279-281.

[274] Hotelling H. Analysis of a complex of statistical variables in principal components [J]. Journal of Educational Psychology，1933，24 (7)：498-520.

[275] 周亚虹，许玲丽，夏正青．从农村职业教育看人力资本对农村家庭的贡献——基于苏北农村家庭微观数据的实证分析 [J]. 经济研究，2010 (8)：55-65.

[276] Luo R，Zhang L，Liu C，et al. Behind before they begin：The challenge of early childhood education in rural China [J]. Australasian Journal of Early Childhood，2012，37 (1)：55-64.

[277] 李明贤，周蓉．异质性社员参与农村资金互助业务的博弈分析 [J]. 农业经济问题，2016，37 (2)：77-82.

[278] 俞福丽，蒋乃华．健康对农民种植业收入的影响研究——基于中国健康与营调查数据的实证研究 [J]. 农业经济问题，2015，36 (4)：66-71.

[279] 苑会娜．进城农民工的健康与收入——来自北京市农民工调查的证据 [J]. 管理世界，2009 (5)：56-66.

[280] Wang D W，Cai F，Zhang G Q. Factors influencing migrant workers' employment and earnings——The role of education and training [J]. Social Sciences in China，2010 (5)：56-66.

[281] 李实，杨修娜．我国农民工培训效果分析 [J]. 北京师范大学学报：社会科学版，2015，252 (6)：35-47.

[282] 张世伟，武娜．培训时间对农民工收入的影响 [J]. 人口学刊，2015 (4)：106-113.

[283] Gustafsson B，Shi L I. Expenditures on education and health care and poverty in rural China [J]. China Economic Review，2004，15 (3)：292-301.

[284] 程宝良，高丽．西部脆弱环境分布与贫困关系的研究 [J]. 环境科学与技术，2009，32 (2)：198-202.

[285] Nguyen T T，Do T L，Dorothee Buehler，R. Hartje，U. Grote. Rural livelihoods and environmental resource dependence in Cambodia [J]. Ecological Economics，2015，120 (12)：282-295.

[286] 庄天慧，张海霞，杨锦秀．自然灾害对西南少数民族地区农村贫困的影响研究——基于21个国家级民族贫困县67个村的分析 [J]. 农村经济，2010 (7)：52-56.

[287] Carter Michael R，Peter D，Tewodaj M. Poverty traps and natural disasters in Ethiopia and Honduras [J]. World Development，2007，35 (5)：835-856.

[288] Leichenko R，Silva J A. Climate change and poverty：Vulnerability，impacts，and alleviation strategies [J]. Wiley Interdisciplinary Reviews Climate Change，2014，5

(4): 539-556.

[289] 郑双怡，金亚男．西南喀斯特地区气候脆弱性农户识别与评估研究 [J]. 中南民族大学学报：人文社会科学版，2017 (2): 134-139.

[290] Liu J, Dietz T, Carpenter S R, et al. Lubchenco. Complexity of coupled human and natural systems [J]. Science, 2007, 317 (4): 1513-1516.

[291] Fitzpatrick, Tony. Climate change and poverty [J]. American society of civil engineers, 2014, 103 (3): 69-78.

[292] Qiao F, Rozelle S, Huang J, et al. Road expansion and off-farm work in rural China [J]. China Quarterly, 2014, 218 (218): 428-451.

[293] 王兴稳，樊胜根，陈志钢，等．中国西南贫困山区季节性饮用水缺乏对农民非农收入的影响——基于贵州住户调查数据的分析 [J]. 南京农业大学学报（社会科学版），2012, 12 (3): 41-47.

[294] 郭劲光，高静美．我国基础设施建设投资的减贫效果研究：1987—2006 [J]. 农业经济问题，2009, 30 (9): 63-71.

[295] 樊胜根，张林秀，张晓波．中国农村公共投资在农村经济增长和反贫困中的作用 [J]. 华南农业大学学报（社会科学版），2002, 1 (1): 1-13.

[296] 曾小溪，曾福生．基本公共服务减贫作用机理研究 [J]. 贵州社会科学，2012 (12): 91-94.

[297] 徐定德．农村公共品投资对农户收入影响的实证分析 [J]. 经济地理，2016, 36 (3): 139-146.

[298] 丁志国，谭伶俐，赵晶．农村金融对减少贫困的作用研究 [J]. 农业经济问题，2011 (11): 74-79, 114.

[299] Xia L, Gan C, Hu B. The welfare impact of microcredit on rural households in China [J]. The Journal of Socio-Economics, 2011, 40 (4): 404-411.

[300] 程恩江，刘西川．小额信贷缓解农户正规信贷配给了吗？——来自三个非政府小额信贷项目区的经验证据 [J]. 金融研究，2010 (12): 190-206.

[301] 彭春凝．当前我国农村精准扶贫的路径选择研究 [J]. 农村经济，2016 (5): 91-95.

[302] 崔艳娟，孙刚．金融发展是贫困减缓的原因吗？——来自中国的证据 [J]. 金融研究，2012 (11): 116-127.

[303] 王恒彦，卫龙宝，郭延安．农户社会资本对农民家庭收入的影响分析 [J]. 农业技术经济，2013 (10): 28-38.

[304] 叶初升，罗连发．社会资本、扶贫政策与贫困家庭福利——基于贵州贫困地区农村家户调查的分层线性回归分析 [J]. 财经科学，2011 (7): 100-109.

[305] 周晔馨．社会资本是穷人的资本吗？——基于中国农户收入的经验证据 [J]. 管理

世界，2012（7）：91-103.

[306] 叶静怡，武玲蔚．社会资本与进城务工人员工资水平——资源测量与因果识别［J］．经济学（季刊），2014，13（4）：1303-1322.

[307] Zhang X，Li G. Does guanxi matter to nonfarm employment?［J］．Journal of Comparative Economics，2003，31（2）：315-331.

[308] 郭云南，姚洋，Jeremy Foltz. 宗族网络与村庄收入分配［J］．管理世界，2014（1）：73-89.

[309] 杨汝岱，陈斌开，朱诗娥．基于社会网络视角的农户民间借贷需求行为研究［J］．经济研究，2011（11）：117-130.

[310] Berglas E. On the theory of clubs［J］．American Economic Review，1976，66（66）：116-121.

[311] Aguinis H，Gottfredson R K，Culpepper S A. Best-practice recommendations for estimating cross-level interaction effects using multilevel modeling［J］．Journal of Management，2015，39（6）：1490-1528.

[312] Wang Hui，Hsien Hsieh. Toward a better understanding of the link between ethical climate and job satisfaction：A multilevel analysis［J］．Journal of Business Ethics，2012，105（4）：535-545.

[313] Benjamin M Bolker，Mollie E Brooks，Connie J Clark，et al. Generalized linear mixed models：a practical guide for ecology and evolution［J］．Trends in Ecology & Evolution，2009，24（3）：127-135.

[314] Kim K S，Lee Y，Lee Y J. A multilevel analysis of factors related to poverty in welfare states［J］．Social Indicators Research，2010，99（3）：391-404.

[315] Ren Z，Ge Y，Wang J，et al. Zhang. Understanding the inconsistent relationships between socioeconomic factors and poverty incidence across contiguous poverty-stricken regions in china：Multilevel modelling［J］．Spatial Stats，2017，406-420.

[316] 郭伯良，王燕，张雷．班级环境变量对儿童社会行为与学校适应间关系的影响［J］．心理学报，2005，37（2）：233-239.

[317] 杨建云，张天栋，朱东来，等．多水平模型在区域环境卷烟感官质量评价中的应用［J］．西南农业学报，2013，26（6）：2514-2521.

[318] 王焕英，石磊．基于多水平模型的中国区域经济增长收敛性特征分析［J］．统计与决策，2010（17）：4.

[319] 张岩波，何大卫，刘桂芬，等．一般混合线性模型 sas 的 mixed 过程实现——混合线性模型及其 sas 软件实现（一）［J］．中国卫生统计，2001，18（4）：207-210.

[320] Song Q Y，Dong Y I，Wu Y Z. 基于纵向数据线性混合效应模型的老年人抑郁影响因素研究［J］．第三军医大学学报，2019，41（4）：384-387.

[321] 李兴绪，刘曼莉，葛珺沂．西南边疆民族地区农户收入的地理影响因素分析［J］．地理学报，2010，65（2）：9.

[322] 向其凤，石磊．西部民族地区农村劳动力转移的影响因素分析——基于多水平 logistic 模型的研究［J］．数理统计与管理，2012（6）：965－975.

[323] 李冬慧，乔陆印．从产业扶贫到产业兴旺：贫困地区产业发展困境与创新趋向［J］．求是，2019（6）：81－91，109－110.

图书在版编目（CIP）数据

农民专业合作社促进农户增收的效果评价及政策优化研究 / 冯琼，郑双怡著. —北京：中国农业出版社，2024.1

ISBN 978-7-109-31862-5

Ⅰ.①农… Ⅱ.①冯… ②郑… Ⅲ.①农业合作社—专业合作社—研究—中国②农户—收入增长—研究—中国 Ⅳ.①F321.42②F126.2

中国国家版本馆 CIP 数据核字（2024）第 066555 号

中国农业出版社出版

地址：北京市朝阳区麦子店街 18 号楼

邮编：100125

责任编辑：边　疆

版式设计：杨　婧　　责任校对：吴丽婷

印刷：北京中兴印刷有限公司

版次：2024 年 1 月第 1 版

印次：2024 年 1 月北京第 1 次印刷

发行：新华书店北京发行所

开本：700mm×1000mm　1/16

印张：10.75

字数：171 千字

定价：118.00 元
